# PREFACIO

La colección de guías de conversación para viajar "Todo irá bien" publicada por T&P Books está diseñada para personas que viajan al extranjero para turismo y negocios. Las guías contienen lo más importante - los elementos esenciales para una comunicación básica.Éste es un conjunto de frases imprescindibles para "sobrevivir" mientras está en el extranjero.

Esta guía de conversación le ayudará en la mayoría de los casos donde usted necesite pedir algo, conseguir direcciones, saber cuánto cuesta algo, etc. Puede también resolver situaciones difíciles de la comunicación donde los gestos no pueden ayudar.

Este libro contiene una gran cantidad de frases que han sido agrupadas según los temas más relevantes. Esta edición también incluye un pequeño vocabulario que contiene alrededor de 3.000 de las palabras más frecuentemente usadas.Otra sección de la guía proporciona un glosario gastronómico que le puede ayudar a pedir los alimentos en un restaurante o a comprar comestibles en la tienda.

Llévese la guía de conversación "Todo irá bien" en el camino y tendrá una insustituible compañera de viaje que le ayudará a salir de cualquier situación y le enseñará a no temer hablar con extranjeros.

# TABLA DE CONTENIDOS

T&P Books Publishing

# Guía de conversación Español-Letón y vocabulario temático de 3000 palabras

por Andrey Taranov

La colección de guías de conversación para viajar "Todo irá bien" publicada por T&P Books está diseñada para personas que viajan al extranjero para turismo y negocios. Las guías contienen lo más importante - los elementos esenciales para una comunicación básica. Éste es un conjunto de frases imprescindibles para "sobrevivir" mientras está en el extranjero.

Este libro también incluye un pequeño vocabulario temático que contiene alrededor de 3.000 de las palabras más frecuentemente usadas. Otra sección de la guía proporciona un glosario gastronómico que le puede ayudar a pedir los alimentos en un restaurante o a comprar comestibles en la tienda.

T&P Books Publishing
www.tpbooks.com

ISBN: 978-1-78716-309-6

Este libro está disponible en formato electrónico o de E-Book también.
Visite www.tpbooks.com o las librerías electrónicas más destacadas en la Red.

# PRONUNCIACIÓN

| La letra | Ejemplo letón | T&P alfabeto fonético | Ejemplo español |
|----------|---------------|------------------------|-----------------|

## Las vocales

| La letra | Ejemplo letón | T&P alfabeto fonético | Ejemplo español |
|----------|---------------|------------------------|-----------------|
| A a | adata | [ɑ] | radio |
| Ā ā | ābols | [ɑ:] | arado |
| E e | egle | [e], [æ] | cemento |
| Ē ē | ērglis | [e:], [æ:] | prefijo |
| I i | izcelsme | [i] | ilegal |
| Ī ī | īpašums | [i:] | destino |
| O o | okeāns | [o], [o:] | correa |
| U u | ubags | [u] | mundo |
| Ū ū | ūdens | [u:] | jugador |

## Las consonantes

| La letra | Ejemplo letón | T&P alfabeto fonético | Ejemplo español |
|----------|---------------|------------------------|-----------------|
| B b | bads | [b] | en barco |
| C c | cālis | [ts] | tsunami |
| Č č | čaumala | [tʃ] | mapache |
| D d | dambis | [d] | desierto |
| F f | flauta | [f] | golf |
| G g | gads | [g] | jugada |
| Ģ ģ | ģitāra | [dʲ] | diente |
| H h | haizivs | [h] | registro |
| J j | janvāris | [j] | asiento |
| K k | kabata | [k] | charco |
| Ķ ķ | ķilava | [tʲ/tʃʲ] | bestia |
| L l | labība | [l] | lira |
| Ļ ļ | ļaudis | [ʎ] | lágrima |
| M m | magone | [m] | nombre |
| N n | nauda | [n] | número |
| Ņ ņ | ņaudēt | [ɲ] | leña |
| P p | pakavs | [p] | precio |
| R r | ragana | [r] | era, alfombra |

| La letra | Ejemplo letón | T&P alfabeto fonético | Ejemplo español |
|----------|---------------|-----------------------|-----------------|
| S s | **sadarbība** | [s] | salva |
| Š š | **šausmas** | [ʃ] | shopping |
| T t | **tabula** | [t] | torre |
| V v | **vabole** | [v] | travieso |
| Z z | **zaglis** | [z] | desde |
| Ž ž | **žagata** | [ʒ] | adyacente |

# Comentarios

˙ Las letras **Qq, Ww, Xx, Yy** se emplean en palabras extranjeras prestadas solamente

¨ El acento en la gran mayoría de los casos ocurre en la primera sílaba.

# LISTA DE ABREVIATURAS

## Abreviatura en español

| | | |
|---|---|---|
| adj | - | adjetivo |
| adv | - | adverbio |
| anim. | - | animado |
| conj | - | conjunción |
| etc. | - | etcétera |
| f | - | sustantivo femenino |
| f pl | - | femenino plural |
| fam. | - | uso familiar |
| fem. | - | femenino |
| form. | - | uso formal |
| inanim. | - | inanimado |
| innum. | - | innumerable |
| m | - | sustantivo masculino |
| m pl | - | masculino plural |
| m, f | - | masculino, femenino |
| masc. | - | masculino |
| mat | - | matemáticas |
| mil. | - | militar |
| num. | - | numerable |
| p.ej. | - | por ejemplo |
| pl | - | plural |
| pron | - | pronombre |
| sg | - | singular |
| v aux | - | verbo auxiliar |
| vi | - | verbo intransitivo |
| vi, vt | - | verbo intransitivo, verbo transitivo |
| vr | - | verbo reflexivo |
| vt | - | verbo transitivo |

## Abreviatura en letón

| | | |
|---|---|---|
| s | - | sustantivo femenino |
| s dsk | - | femenino plural |
| v | - | sustantivo masculino |
| v dsk | - | masculino plural |
| v, s | - | masculino, femenino |

# GUÍA DE CONVERSACIÓN LETÓN

Esta sección contiene frases
importantes que pueden
resultar útiles en varias
situaciones de la vida real.
La Guía le ayudará a pedir
direcciones, aclaración
sobre precio, comprar billetes,
y pedir alimentos en un
restaurante

**T&P Books Publishing**

# CONTENIDO DE LA GUÍA DE CONVERSACIÓN

**T&P Books Publishing**

| | |
|---|---|
| Perdone, ... | **Atvainojiet,** ...<br>[atvainɔjiɛt, ...] |
| Hola. | **Sveicināti.**<br>[svɛitsina:ti.] |
| Gracias. | **Paldies.**<br>[paldiɛs.] |

| | |
|---|---|
| Sí. | **Jā.**<br>[ja:.] |
| No. | **Nē.**<br>[ne:.] |
| No lo sé. | **Es nezinu.**<br>[es nezinu.] |
| ¿Dónde? \| ¿A dónde? \| ¿Cuándo? | **Kur? \| Uz kurieni? \| Kad?**<br>[kur? \| uz kuriɛni? \| kad?] |

| | |
|---|---|
| Necesito ... | **Man vajag** ...<br>[man vajag ...] |
| Quiero ... | **Es gribu** ...<br>[es gribu ...] |
| ¿Tiene ...? | **Vai jums ir** ...?<br>[vai jums ir ...?] |
| ¿Hay ... por aquí? | **Vai šeit ir** ...?<br>[vai ʃɛit ir ...?] |
| ¿Puedo ...? | **Vai drīkstu** ...?<br>[vai dri:kstu ...?] |
| ..., por favor? (petición educada) | **Lūdzu,** ...<br>[lu:dzu, ...] |

| | |
|---|---|
| Busco ... | **Es meklēju** ...<br>[es mekle:ju ...] |
| el servicio | **tualeti**<br>[tualeti] |
| un cajero automático | **bankomātu**<br>[bankɔma:tu] |
| una farmacia | **aptieku**<br>[aptiɛku] |
| el hospital | **slimnīcu**<br>[slimni:tsu] |

| | |
|---|---|
| la comisaría | **policījas iecirkni**<br>[pɔlitsi:jas iɛtsirkni] |
| el metro | **metro**<br>[metrɔ] |

| | |
|---|---|
| un taxi | **taksometru**<br>[taksɔmetru] |
| la estación de tren | **dzelzceļa staciju**<br>[dzelztsɛl'a statsiju] |

| | |
|---|---|
| Me llamo … | **Mani sauc …**<br>[mani sauts …] |
| ¿Cómo se llama? | **Kā jūs sauc?**<br>[ka: ju:s sauts?] |
| ¿Puede ayudarme, por favor? | **Lūdzu, palīdziet.**<br>[lu:dzu, pali:dziɛt.] |
| Tengo un problema. | **Man ir problēma.**<br>[man ir prɔblɛ:ma.] |
| Me encuentro mal. | **Man ir slikti.**<br>[man ir slikti.] |
| ¡Llame a una ambulancia! | **Izsauciet ātro palīdzību!**<br>[izsautsiɛt a:trɔ pali:dzi:bu!] |
| ¿Puedo llamar, por favor? | **Vai drīkstu piezvanīt?**<br>[vai dri:kstu piɛzvani:t?] |

| | |
|---|---|
| Lo siento. | **Atvainojos.**<br>[atvainɔjɔs.] |
| De nada. | **Lūdzu.**<br>[lu:dzu.] |

| | |
|---|---|
| Yo | **es**<br>[es] |
| tú | **tu**<br>[tu] |
| él | **viņš**<br>[viɲʃ] |
| ella | **viņa**<br>[viɲa] |
| ellos | **viņi**<br>[viɲi] |
| ellas | **viņas**<br>[viɲas] |
| nosotros /nosotras/ | **mēs**<br>[me:s] |
| ustedes, vosotros | **jūs**<br>[ju:s] |
| usted | **Jūs**<br>[ju:s] |

| | |
|---|---|
| ENTRADA | **IEEJA**<br>[iɛeja] |
| SALIDA | **IZEJA**<br>[izeja] |
| FUERA DE SERVICIO | **NESTRĀDĀ**<br>[nestra:da:] |
| CERRADO | **SLĒGTS**<br>[sle:gts] |

ABIERTO

**ATVĒRTS**
[atve:rts]

PARA SEÑORAS

**SIEVIETĒM**
[siɛviɛte:m]

PARA CABALLEROS

**VĪRIEŠIEM**
[vi:riɛʃiɛm]

## Preguntas

| | |
|---|---|
| ¿Dónde? | **Kur?**<br>[kur?] |
| ¿A dónde? | **Uz kurieni?**<br>[uz kuriɛni?] |
| ¿De dónde? | **No kurienes?**<br>[nɔ kuriɛnes?] |
| ¿Por qué? | **Kāpēc?**<br>[ka:pe:ts?] |
| ¿Con que razón? | **Kādēļ?**<br>[ka:de:lʲ?] |
| ¿Cuándo? | **Kad?**<br>[kad?] |

| | |
|---|---|
| ¿Cuánto tiempo? | **Cik ilgi?**<br>[tsik ilgi?] |
| ¿A qué hora? | **Cikos?**<br>[tsikɔs?] |
| ¿Cuánto? | **Cik maksā?**<br>[tsik maksa:?] |
| ¿Tiene ...? | **Vai jums ir ...?**<br>[vai jums ir ...?] |
| ¿Dónde está ...? | **Kur atrodas ...?**<br>[kur atrɔdas ...?] |

| | |
|---|---|
| ¿Qué hora es? | **Cik pulkstens?**<br>[tsik pulkstens?] |
| ¿Puedo llamar, por favor? | **Vai drīkstu piezvanīt?**<br>[vai dri:kstu piɛzvani:t?] |
| ¿Quién es? | **Kas tur ir?**<br>[kas tur ir?] |
| ¿Se puede fumar aquí? | **Vai te drīkst smēķēt?**<br>[vai te dri:kst smɛ:tʲe:t?] |
| ¿Puedo ...? | **Vai drīkstu ...?**<br>[vai dri:kstu ...?] |

# Necesidades

| | |
|---|---|
| Quisiera … | **Es gribētu …**<br>[es gribɛ:tu …] |
| No quiero … | **Es negribu …**<br>[es negribu …] |
| Tengo sed. | **Man slāpst.**<br>[man sla:pst.] |
| Tengo sueño. | **Es gribu gulēt.**<br>[es gribu gule:t.] |

| | |
|---|---|
| Quiero … | **Es gribu …**<br>[es gribu …] |
| lavarme | **nomazgāties**<br>[nɔmazga:tiɛs] |
| cepillarme los dientes | **iztīrīt zobus**<br>[izti:ri:t zɔbus] |
| descansar un momento | **nedaudz atpūsties**<br>[nɛdaudz atpu:stiɛs] |
| cambiarme de ropa | **pārģērbties**<br>[pa:rdʲe:rbtiɛs] |

| | |
|---|---|
| volver al hotel | **atgriezties viesnīcā**<br>[atgriɛzties viɛsni:tsa:] |
| comprar … | **nopirkt …**<br>[nɔpirkt …] |
| ir a … | **doties uz …**<br>[dɔties uz …] |
| visitar … | **apmeklēt …**<br>[apmekle:t …] |
| quedar con … | **satikties ar …**<br>[satikties ar …] |
| hacer una llamada | **piezvanīt**<br>[piɛzvani:t] |

| | |
|---|---|
| Estoy cansado /cansada/. | **Es esmu noguris /nogurusi/.**<br>[es esmu nɔguris /nɔgurusi/.] |
| Estamos cansados /cansadas/. | **Mēs esam noguruši /nogurušas/.**<br>[me:s ɛsam nɔguruʃi /nɔguruʃas/.] |
| Tengo frío. | **Man ir auksti.**<br>[man ir auksti.] |
| Tengo calor. | **Man ir karsti.**<br>[man ir karsti.] |
| Estoy bien. | **Man viss kārtībā.**<br>[man vis ka:rti:ba:.] |

Tengo que hacer una llamada.

**Man jāpiezvana.**
[man jaːpiɛzvana.]

Necesito ir al servicio.

**Man vajag uz tualeti.**
[man vajag uz tualeti.]

Me tengo que ir.

**Man laiks doties.**
[man laiks dotiɛs.]

Me tengo que ir ahora.

**Man jāiet.**
[man jaːiɛt.]

# Preguntar por direcciones

| | |
|---|---|
| Perdone, ... | **Atvainojiet, ...** <br> [atvainɔjiɛt, ...] |
| ¿Dónde está ...? | **Kur atrodas ...?** <br> [kur atrɔdas ...?] |
| ¿Por dónde está ...? | **Kurā virzienā ir ...?** <br> [kura: virziɛna: ir ...?] |
| ¿Puede ayudarme, por favor? | **Lūdzu, palīdziet.** <br> [lu:dzu, pali:dziɛt.] |

| | |
|---|---|
| Busco ... | **Es meklēju ...** <br> [es meklе:ju ...] |
| Busco la salida. | **Es meklēju izeju.** <br> [es meklе:ju izeju.] |
| Voy a ... | **Es dodos uz ...** <br> [es dɔdɔs uz ...] |
| ¿Voy bien por aquí para ...? | **Vai eju pareizā virzienā ...?** <br> [vai eju parɛiza: virziɛna: ...?] |

| | |
|---|---|
| ¿Está lejos? | **Vai tas ir tālu?** <br> [vai tas ir ta:lu?] |
| ¿Puedo llegar a pie? | **Vai es aiziešu ar kājām?** <br> [vai es aiziɛʃu ar ka:ja:m?] |
| ¿Puede mostrarme en el mapa? | **Lūdzu, parādiet to uz kartes?** <br> [lu:dzu, para:diɛt tɔ uz kartes?] |
| Por favor muestreme dónde estamos. | **Parādiet, kur mēs tagad atrodamies?** <br> [para:diɛt, kur me:s tagad atrɔdamiɛs?] |

| | |
|---|---|
| Aquí | **Šeit** <br> [ʃɛit] |
| Allí | **Tur** <br> [tur] |
| Por aquí | **Šurp** <br> [ʃurp] |

| | |
|---|---|
| Gire a la derecha. | **Griezieties pa labi.** <br> [griɛziɛties pa labi.] |
| Gire a la izquierda. | **Griezieties pa kreisi.** <br> [griɛziɛties pa krɛisi.] |
| la primera (segunda, tercera) calle | **pirmais (otrais, trešais) pagrieziens** <br> [pirmais pagriɛziɛns] |
| a la derecha | **pa labi** <br> [pa labi] |

a la izquierda

**pa kreisi**
[pa krɛisi]

Siga recto.

**Ejiet taisni uz priekšu.**
[ejiɛt taisni uz priɛkʃu.]

# Carteles

| | |
|---|---|
| ¡BIENVENIDO! | **LAIPNI LŪGTI!**<br>[laipni lu:gti!] |
| ENTRADA | **IEEJA**<br>[iɛeja] |
| SALIDA | **IZEJA**<br>[izeja] |

| | |
|---|---|
| EMPUJAR | **GRŪST**<br>[gru:st] |
| TIRAR | **VILKT**<br>[vilkt] |
| ABIERTO | **ATVĒRTS**<br>[atve:rts] |
| CERRADO | **AIZVĒRTS**<br>[sle:gts] |

| | |
|---|---|
| PARA SEÑORAS | **SIEVIETĒM**<br>[siɛviɛte:m] |
| PARA CABALLEROS | **VĪRIEŠIEM**<br>[vi:riɛʃiɛm] |
| CABALLEROS | **VĪRIEŠU TUALETE**<br>[vi:riɛʃu tualɛte] |
| SEÑORAS | **SIEVIEŠU TUALETE**<br>[siɛviɛʃu tualɛte] |

| | |
|---|---|
| REBAJAS | **ATLAIDES**<br>[atlaides] |
| VENTA | **IZPĀRDOŠANA**<br>[izpa:rdoʃana] |
| GRATIS | **BEZ MAKSAS**<br>[bezmaksas] |
| ¡NUEVO! | **JAUNUMS!**<br>[jaunums!] |
| ATENCIÓN | **UZMANĪBU!**<br>[uzmani:bu!] |

| | |
|---|---|
| COMPLETO | **BRĪVU VIETU NAV**<br>[bri:vu viɛtu nav] |
| RESERVADO | **REZERVĒTS**<br>[rɛzerve:ts] |
| ADMINISTRACIÓN | **ADMINISTRĀCIJA**<br>[administra:tsija] |
| SÓLO PERSONAL AUTORIZADO | **TIKAI DARBINIEKIEM**<br>[tikai pɛrsɔna:lam] |

| | |
|---|---|
| CUIDADO CON EL PERRO | **NIKNS SUNS!**<br>[nikns suns] |
| NO FUMAR | **SMĒĶĒT AIZLIEGTS!**<br>[smɛ:t'e:t aizliɛgts!] |
| NO TOCAR | **AR ROKĀM NEAIZTIKT!**<br>[ar rɔka:m neaiztikt!] |

| | |
|---|---|
| PELIGROSO | **BĪSTAMI!**<br>[bi:stami] |
| PELIGRO | **BĪSTAMS!**<br>[bi:stams] |
| ALTA TENSIÓN | **AUGSTSPRIEGUMS!**<br>[augstspriɛgums] |
| PROHIBIDO BAÑARSE | **PELDĒT AIZLIEGTS!**<br>[pelde:t aizliɛgts!] |

| | |
|---|---|
| FUERA DE SERVICIO | **NESTRĀDĀ**<br>[nestra:da:] |
| INFLAMABLE | **UGUNSNEDROŠS**<br>[ugunsnedrɔʃs] |
| PROHIBIDO | **AIZLIEGTS**<br>[aizliɛgts] |
| PROHIBIDO EL PASO | **IEBRAUKT AIZLIEGTS!**<br>[iɛiɛja aizliɛgta] |
| RECIÉN PINTADO | **SVAIGI KRĀSOTS**<br>[svaigi kra:sɔts] |

| | |
|---|---|
| CERRADO POR RENOVACIÓN | **UZ REMONTA LAIKU SLĒGTS**<br>[uz remɔnta laiku sle:gts] |
| EN OBRAS | **UZ CEĻA STRĀDĀ**<br>[uz tsɛl'a stra:da:] |
| DESVÍO | **APVEDCEĻŠ**<br>[apvedtsel'ʃ] |

# Transporte. Frases generales

| el avión | **lidmašīna** [lidmaʃi:na] |
| el tren | **vilciens** [viltsiɛns] |
| el bus | **autobuss** [autɔbus] |
| el ferry | **prāmis** [pra:mis] |
| el taxi | **taksometrs** [taksɔmetrs] |
| el coche | **automašīna** [maʃi:na] |

| el horario | **saraksts** [saraksts] |
| ¿Dónde puedo ver el horario? | **Kur var apskatīt sarakstu?** [kur var apskati:t sarakstu?] |
| días laborables | **darba dienas** [darba diɛnas] |
| fines de semana | **nedēļas nogales** [nɛdɛ:lʲas nɔgales] |
| días festivos | **svētku dienas** [sve:tku diɛnas] |

| SALIDA | **IZLIDOŠANA** [izlidɔʃana] |
| LLEGADA | **IELIDOŠANA** [iɛlidɔʃana] |
| RETRASADO | **KAVĒJAS** [kave:jas] |
| CANCELADO | **ATCELTS** [attselts] |

| siguiente (tren, etc.) | **nākamais** [na:kamais] |
| primero | **pirmais** [pirmais] |
| último | **pēdējais** [pɛ:de:jais] |

| ¿Cuándo pasa el siguiente ...? | **Kad būs nākošais ...?** [kad bu:s na:kɔʃais ...?] |
| ¿Cuándo pasa el primer ...? | **Kad pienāk pirmais ...?** [kad piɛna:k pirmais ...?] |

¿Cuándo pasa el último …?

el trasbordo (cambio de trenes, etc.)

hacer un trasbordo

¿Tengo que hacer un trasbordo?

**Kad atiet pēdējais …?**
[kad atiɛt pɛ:de:jais …?]

**pārsēšanās**
[pa:rse:ʃana:s]

**pārsēsties**
[pa:rse:stiɛs]

**Vai man ir jāpārsēžas?**
[vai man ir ja:pa:rse:ʒas?]

## Comprar billetes

¿Dónde puedo comprar un billete?

**Kur es varu nopirkt biļetes?**
[kur es varu nɔpirkt bilʲɛtes?]

el billete

**biļete**
[bilʲɛte]

comprar un billete

**nopirkt biļeti**
[nɔpirkt bilʲeti]

precio del billete

**biļetes cena**
[bilʲɛtes tsɛna]

¿Para dónde?

**Uz kurieni?**
[uz kuriɛni?]

¿A qué estación?

**Līdz kurai stacijai?**
[li:dz kurai statsijai?]

Necesito …

**Man vajag …**
[man vajag …]

un billete

**vienu biļeti**
[viɛnu bilʲeti]

dos billetes

**divas biļetes**
[divas bilʲɛtes]

tres billetes

**trīs biļetes**
[tri:s bilʲɛtes]

sólo ida

**vienā virzienā**
[viɛna: virziɛna:]

ida y vuelta

**turp un atpakaļ**
[turp un atpakalʲ]

en primera (primera clase)

**pirmā klase**
[pirma: klase]

en segunda (segunda clase)

**otrā klase**
[ɔtra: klase]

hoy

**šodien**
[ʃɔdiɛn]

mañana

**rīt**
[ri:t]

pasado mañana

**parīt**
[pari:t]

por la mañana

**no rīta**
[nɔ ri:ta]

por la tarde

**pēcpusdienā**
[pe:tspusdiɛna:]

por la noche

**vakarā**
[vakara:]

asiento de pasillo

**ejas sēdvieta**
[ejas se:dviɛta]

asiento de ventanilla

**sēdvieta pie loga**
[se:dviɛta piɛ lɔga]

¿Cuánto cuesta?

**Cik maksā?**
[tsik maksa:?]

¿Puedo pagar con tarjeta?

**Vai varu samkasāt ar karti?**
[vai varu samkasa:t ar karti?]

# Autobús

| | |
|---|---|
| el autobús | **autobuss**<br>[autɔbus] |
| el autobús interurbano | **starppilsētu autobuss**<br>[starppilsɛ:tu autɔbus] |
| la parada de autobús | **autobusa pietura**<br>[autɔbusa piɛtura] |
| ¿Dónde está la parada<br>de autobuses más cercana? | **Kur ir tuvākā autobusa pietura?**<br>[kur ir tuva:ka: autɔbusa piɛtura?] |

| | |
|---|---|
| número | **numurs**<br>[numurs] |
| ¿Qué autobús tengo que tomar para ...? | **Kurš autobus brauc līdz ...?**<br>[kurʃ autɔbus brauts li:dz ...?] |
| ¿Este autobús va a ...? | **Vai šis autobus brauc līdz ...?**<br>[vai ʃis autɔbus brauts li:dz ...?] |
| ¿Cada cuanto pasa el autobús? | **Cik bieži kursē autobusi?**<br>[tsik biɛʒi kurse: autɔbusi?] |

| | |
|---|---|
| cada 15 minutos | **katras piecpadsmit minūtes**<br>[katras piɛtspadsmit minu:tes] |
| cada media hora | **katru pusstundu**<br>[katru pustundu] |
| cada hora | **katru stundu**<br>[katru stundu] |
| varias veces al día | **vairākas reizes dienā**<br>[vaira:kas rɛizes diɛna:] |
| ... veces al día | **... reizes dienā**<br>[... rɛizes diɛna:] |

| | |
|---|---|
| el horario | **saraksts**<br>[saraksts] |
| ¿Dónde puedo ver el horario? | **Kur var apskatīt sarakstu?**<br>[kur var apskati:t sarakstu?] |
| ¿Cuándo pasa el siguiente autobús? | **Kad būs nākošais autobuss?**<br>[kad bu:s na:koʃais autɔbus?] |
| ¿Cuándo pasa el primer autobús? | **Kad pienāk pirmais autobuss?**<br>[kad piɛna:k pirmais autɔbus?] |
| ¿Cuándo pasa el último autobús? | **Kad atiet pēdējais autobuss?**<br>[kad atiɛt pɛ:de:jais autɔbus?] |

| | |
|---|---|
| la parada | **pietura**<br>[piɛtura] |
| la siguiente parada | **nākošā pietura**<br>[na:kama: piɛtura] |

| | |
|---|---|
| la última parada | **gala pietura**<br>[gala piɛtura] |
| Pare aquí, por favor. | **Lūdzu, pieturiet šeit.**<br>[lu:dzu, piɛturiɛt ʃɛit.] |
| Perdone, esta es mi parada. | **Atvainojiet, šī ir mana pietura.**<br>[atvainɔjiɛt, ʃi: ir mana piɛtura.] |

# Tren

| | |
|---|---|
| el tren | **vilciens**<br>[viltsiɛns] |
| el tren de cercanías | **priekšpilsētas vilciens**<br>[priɛkʃpilsɛ:tas viltsiɛns] |
| el tren de larga distancia | **tālsatiksmes vilciens**<br>[ta:lsatiksmes viltsiɛns] |
| la estación de tren | **dzelzceļa stacija**<br>[dzelztsɛlʲa statsija] |
| Perdone, ¿dónde está<br>la salida al anden? | **Atvainojiet, kur ir izeja uz peronu?**<br>[atvainɔjiɛt, kur ir izeja uz perɔnu?] |

| | |
|---|---|
| ¿Este tren va a ...? | **Vai šis vilciens dodas uz ...?**<br>[vai ʃis viltsiɛns dɔdas uz ...?] |
| el siguiente tren | **nākošais vilciens**<br>[na:kɔʃais viltsiɛns] |
| ¿Cuándo pasa el siguiente tren? | **Kad pienāks nākošais vilciens?**<br>[kad piɛna:ks na:kɔʃais viltsiɛns?] |
| ¿Dónde puedo ver el horario? | **Kur var apskatīt sarakstu?**<br>[kur var apskati:t sarakstu?] |
| ¿De qué andén? | **No kura perona?**<br>[nɔ kura perɔna?] |
| ¿Cuándo llega el tren a ...? | **Kad vilciens pienāk ...?**<br>[kad viltsiɛns piɛna:k ...?] |

| | |
|---|---|
| Ayudeme, por favor. | **Lūdzu, palīdziet.**<br>[lu:dzu, pali:dziɛt.] |
| Busco mi asiento. | **Es meklēju savu vietu.**<br>[es mekle:ju savu viɛtu.] |
| Buscamos nuestros asientos. | **Mēs meklējam savas vietas.**<br>[me:s mekle:jam savas viɛtas.] |
| Mi asiento está ocupado. | **Mana vieta ir aizņemta.**<br>[mana viɛta ir aizɲemta.] |
| Nuestros asientos están ocupados. | **Mūsu vietas ir aizņemtas.**<br>[mu:su viɛtas ir aizɲemtas.] |

| | |
|---|---|
| Perdone, pero ese es mi asiento. | **Atvainojiet, bet šī ir mana vieta.**<br>[atvainɔjiɛt, bet ʃi: ir mana viɛta.] |
| ¿Está libre? | **Vai šī vieta ir aizņemta?**<br>[vai ʃi: viɛta ir aizɲemta?] |
| ¿Puedo sentarme aquí? | **Vai drīkstu šeit apsēsties?**<br>[vai dri:kstu ʃɛit apse:stiɛs?] |

# En el tren. Diálogo (Sin billete)

| | |
|---|---|
| Su billete, por favor. | **Jūsu biļeti, lūdzu.**<br>[ju:su bilʲeti, lu:dzu.] |
| No tengo billete. | **Man nav biļetes.**<br>[man nav bilʲɛtes.] |
| He perdido mi billete. | **Es pazaudēju savu biļeti.**<br>[es pazaude:ju savu bilʲeti.] |
| He olvidado mi billete en casa. | **Es aizmirsu savu biļeti mājās.**<br>[es aizmirsu savu bilʲeti ma:ja:s.] |

| | |
|---|---|
| Le puedo vender un billete. | **Jūs varat nopirkt biļeti pie manis.**<br>[ju:s varat nɔpirkt bilʲeti piɛ manis.] |
| También deberá pagar una multa. | **Jums būs jāsamaksā arī soda nauda.**<br>[jums bu:s ja:samaksa: ari: sɔda nauda.] |
| Vale. | **Labi.**<br>[labi.] |
| ¿A dónde va usted? | **Uz kurieni jūs brauciet?**<br>[uz kuriɛni ju:s brautsiɛt?] |
| Voy a … | **Es braucu līdz …**<br>[es brautsu li:dz …] |

| | |
|---|---|
| ¿Cuánto es? No lo entiendo. | **Cik? Es nesaprotu.**<br>[tsik? es nɛsaprɔtu.] |
| Escríbalo, por favor. | **Lūdzu, uzrakstiet to.**<br>[lu:dzu, uzrakstiɛt tɔ.] |
| Vale. ¿Puedo pagar con tarjeta? | **Labi. Vai es varu samaksāt ar karti?**<br>[labi. vai es varu samaksa:t ar karti?] |
| Sí, puede. | **Jā, variet.**<br>[ja:, variɛt.] |

| | |
|---|---|
| Aquí está su recibo. | **Lūdzu, jūsu kvīts.**<br>[lu:dzu, ju:su kvi:ts.] |
| Disculpe por la multa. | **Atvainojiet par naudas sodu.**<br>[atvainɔjiɛt par naudas sɔdu.] |
| No pasa nada. Fue culpa mía. | **Tas nekas. Tā bija mana vaina.**<br>[tas nɛkas. ta: bija mana vaina.] |
| Disfrute su viaje. | **Patīkamu braucienu.**<br>[pati:kamu brautsiɛnu.] |

# Taxi

| | |
|---|---|
| taxi | **taksometrs**<br>[taksɔmetrs] |
| taxista | **taksometra vadītājs**<br>[taksɔmetra vadiːtaːjs] |
| coger un taxi | **noķert taksometru**<br>[nɔt'ert taksɔmetru] |
| parada de taxis | **taksometra pietura**<br>[taksɔmetra piɛtura] |
| ¿Dónde puedo coger un taxi? | **Kur es varu dabūt taksometru?**<br>[kur es varu dabuːt taksɔmetru?] |
| llamar a un taxi | **izsaukt taksometru**<br>[izsaukt taksɔmetru] |
| Necesito un taxi. | **Man vajag taksometru.**<br>[man vajag taksɔmetru.] |
| Ahora mismo. | **Tieši tagad.**<br>[tiɛʃi tagad.] |
| ¿Cuál es su dirección? | **Jūsu adrese?**<br>[juːsu adrɛse?] |
| Mi dirección es ... | **Mana adrese ir ...**<br>[mana adrɛse ir ...] |
| ¿Cuál es el destino? | **Uz kurieni jūs brauksiet?**<br>[uz kuriɛni juːs brauksiɛt?] |

| | |
|---|---|
| Perdone, ... | **Atvainojiet, ...**<br>[atvainɔjiɛt, ...] |
| ¿Está libre? | **Vai jūs esat brīvs?**<br>[vai juːs ɛsat briːvs?] |
| ¿Cuánto cuesta ir a ...? | **Cik maksā aizbraukt līdz ...?**<br>[tsik maksaː aizbraukt liːdz ...?] |
| ¿Sabe usted dónde está? | **Vai jūs zināt, kur tas atrodas?**<br>[vai juːs zinaːt, kur tas atrɔdas?] |

| | |
|---|---|
| Al aeropuerto, por favor. | **Līdz lidosta, lūdzu.**<br>[liːdz lidɔsta, luːdzu.] |
| Pare aquí, por favor. | **Apturiet šeit, lūdzu.**<br>[apturiɛt ʃeit, luːdzu.] |
| No es aquí. | **Tas nav šeit.**<br>[tas nav ʃeit.] |
| La dirección no es correcta. | **Šī nav pareizā adrese.**<br>[ʃiː nav parɛiza: adrɛse.] |
| Gire a la izquierda. | **Tagad pa kreisi.**<br>[tagad pa krɛisi.] |
| Gire a la derecha. | **Tagad pa labi.**<br>[tagad pa labi.] |

| | |
|---|---|
| ¿Cuánto le debo? | **Cik esmu jums parādā?**<br>[tsik esmu jums para:da:?] |
| ¿Me da un recibo, por favor? | **Es vēlētos čeku, lūdzu.**<br>[es vɛ:le:tɔs tʃɛku, lu:dzu.] |
| Quédese con el cambio. | **Paturiet atlikumu.**<br>[paturiɛt atlikumu.] |

| | |
|---|---|
| Espéreme, por favor. | **Uzgaidiet, lūdzu.**<br>[uzgaidiɛt, lu:dzu.] |
| cinco minutos | **piecas minūtes**<br>[piɛtsas minu:tes] |
| diez minutos | **desmit minūtes**<br>[desmit minu:tes] |
| quince minutos | **piecpadsmit minūtes**<br>[piɛtspadsmit minu:tes] |
| veinte minutos | **divdesmit minūtes**<br>[divdesmit minu:tes] |
| media hora | **pusstundu**<br>[pustundu] |

# Hotel

| | |
|---|---|
| Hola. | **Sveicināti.**<br>[svɛitsina:ti.] |
| Me llamo … | **Mani sauc …**<br>[mani sauts …] |
| Tengo una reserva. | **Man ir rezervēts numurs.**<br>[man ir rɛzerve:ts numurs.] |

| | |
|---|---|
| Necesito … | **Man vajag …**<br>[man vajag …] |
| una habitación individual | **vienvietīgu numuru**<br>[viɛnviɛti:gu numuru] |
| una habitación doble | **divvietīgu numuru**<br>[divviɛti:gu numuru] |
| ¿Cuánto cuesta? | **Cik tas maksā?**<br>[tsik tas maksa:?] |
| Es un poco caro. | **Tas ir nedaudz par dārgu.**<br>[tas ir nɛdaudz par da:rgu.] |

| | |
|---|---|
| ¿Tiene alguna más? | **Vai jums ir vēl kaut kas?**<br>[vai jums ir ve:l kaut kas?] |
| Me quedo. | **Es to ņemšu.**<br>[es tɔ ɲemʃu.] |
| Pagaré en efectivo. | **Es maksāšu skaidrā naudā.**<br>[es maksa:ʃu skaidra: nauda:.] |

| | |
|---|---|
| Tengo un problema. | **Man ir problēma.**<br>[man ir problɛ:ma.] |
| Mi … no funciona. | **Mans /mana/ … ir saplīsis /saplīsusi/.**<br>[mans /mana/ … ir sapli:sis /sapli:susi/.] |
| Mi … está fuera de servicio. | **Mans /mana/ … nestrādā.**<br>[mans /mana/ … nestra:da:.] |
| televisión | **televīzors**<br>[tɛlevi:zɔrs] |
| aire acondicionado | **gaisa kondicionieris**<br>[gaisa kɔnditsiɔniɛris] |
| grifo | **krāns**<br>[kra:ns] |

| | |
|---|---|
| ducha | **duša**<br>[duʃa] |
| lavabo | **izlietne**<br>[izliɛtne] |
| caja fuerte | **seifs**<br>[sɛifs] |

| | |
|---|---|
| cerradura | **slēdzene**<br>[sle:dzɛne] |
| enchufe | **rozete**<br>[rɔzɛte] |
| secador de pelo | **fēns**<br>[fe:ns] |

| | |
|---|---|
| No tengo … | **Man nav …**<br>[man nav …] |
| agua | **ūdens**<br>[u:dens] |
| luz | **gaismas**<br>[gaismas] |
| electricidad | **elektrības**<br>[ɛlektri:bas] |

| | |
|---|---|
| ¿Me puede dar …? | **Vai variet man iedot …?**<br>[vai variɛt man iɛdɔt …?] |
| una toalla | **dvieli**<br>[dviɛli] |
| una sábana | **segu**<br>[sɛgu] |
| unas chanclas | **čības**<br>[tʃi:bas] |
| un albornoz | **halātu**<br>[xala:tu] |
| un champú | **šampūnu**<br>[ʃampu:nu] |
| jabón | **ziepes**<br>[ziɛpes] |

| | |
|---|---|
| Quisiera cambiar de habitación. | **Es vēlos mainīt numuru.**<br>[es ve:lɔs maini:t numuru.] |
| No puedo encontrar mi llave. | **Es nevaru atrast savas atslēgas.**<br>[es nɛvaru atrast savas atslɛ:gas.] |
| Por favor abra mi habitación. | **Vai variet atvērt manu numuru, lūdzu.**<br>[vai variɛt atve:rt manu numuru, lu:dzu.] |
| ¿Quién es? | **Kas tur ir?**<br>[kas tur ir?] |
| ¡Entre! | **Ienāciet!**<br>[iɛna:tsiɛt!] |
| ¡Un momento! | **Vienu minūti!**<br>[viɛnu minu:ti!] |
| Ahora no, por favor. | **Lūdzu, ne tagad.**<br>[lu:dzu, ne tagad.] |

| | |
|---|---|
| Venga a mi habitación, por favor. | **Ienāciet pie manis, lūdzu.**<br>[iɛna:tsiɛt piɛ manis, lu:dzu.] |
| Quisiera hacer un pedido. | **Es vēlos pasūtīt ēdienu numurā.**<br>[es ve:lɔs pasu:ti:t e:diɛnu numura:.] |
| Mi número de habitación es … | **Mans istabas numurs ir …**<br>[mans istabas numurs ir …] |

| | |
|---|---|
| Me voy ... | **Es aizbraucu ...**<br>[es aizbrautsu ...] |
| Nos vamos ... | **Mēs aizbraucam ...**<br>[me:s aizbrautsam ...] |
| Ahora mismo | **tagad**<br>[tagad] |
| esta tarde | **šo pēcpusdien**<br>[ʃɔ pe:tspusdiɛn] |
| esta noche | **šovakar**<br>[ʃɔvakar] |
| mañana | **rīt**<br>[ri:t] |
| mañana por la mañana | **rīt no rīta**<br>[ri:t nɔ ri:ta] |
| mañana por la noche | **rītvakar**<br>[ri:tvakar] |
| pasado mañana | **parīt**<br>[pari:t] |

| | |
|---|---|
| Quisiera pagar la cuenta. | **Es vēlos norēķināties.**<br>[es ve:lɔs nɔre:t'ina:tiɛs.] |
| Todo ha estado estupendo. | **Viss bija lieliski.**<br>[vis bija liɛliski.] |
| ¿Dónde puedo coger un taxi? | **Kur es varu dabūt taksometru?**<br>[kur es varu dabu:t taksɔmetru?] |
| ¿Puede llamarme un taxi, por favor? | **Lūdzu, izsauciet man man taksometru?**<br>[lu:dzu, izsautsiɛt man man taksɔmetru?] |

# Restaurante

¿Puedo ver el menú, por favor?

**Vai varu apskatīt ēdienkarti?**
[vai varu apskati:t e:diɛnkarti?]

Mesa para uno.

**Galdiņu vienam.**
[galdiɲu viɛnam.]

Somos dos (tres, cuatro).

**Mēs esam divi (trīs, četri)**
[me:s ɛsam divi]

---

Para fumadores

**Smēķētājiem**
[smɛ:tʲɛ:ta:jiɛm]

Para no fumadores

**Nesmēķētājiem**
[nesmɛ:tʲɛ:ta:jiɛm]

¡Por favor! (llamar al camarero)

**Atvainojiet!**
[atvainɔjiɛt!]

la carta

**ēdienkarte**
[e:diɛnkarte]

la carta de vinos

**vīna karte**
[vi:na karte]

La carta, por favor.

**Ēdienkarti, lūdzu.**
[e:diɛnkarti, lu:dzu.]

---

¿Está listo para pedir?

**Vai esat gatavi pasūtīt?**
[vai ɛsat gatavi pasu:ti:t?]

¿Qué quieren pedir?

**Ko pasūtīsiet?**
[kɔ pasu:ti:siɛt?]

Yo quiero …

**Man …**
[man …]

---

Soy vegetariano.

**Es esmu veģetārietis /veģetāriete/ …**
[es esmu vɛdʲɛta:riɛtis /vɛdʲɛta:riɛte/ …]

carne

**gaļa**
[galʲa]

pescado

**zivs**
[zivs]

verduras

**dārzeņi**
[da:rzeɲi]

¿Tiene platos para vegetarianos?

**Vai jums ir veģetārie ēdieni?**
[vai jums ir vɛdʲɛta:riɛ e:diɛni?]

No como cerdo.

**Es neēdu cūkgaļu.**
[es neɛ:du tsu:kgalʲu.]

Él /Ella/ no come carne.

**Viņš /viņa/ neēd gaļu.**
[viɲʃ /viɲa/ nee:d galʲu.]

Soy alérgico a …

**Man ir alerģija pret …**
[man ir alerdʲija pret …]

¿Me puede traer ..., por favor?

**Vai, atnesīsiet man ..., lūdzu?**
[vai, atnesi:siɛt man ..., lu:dzu?]

sal | pimienta | azúcar

**sāls | pipari | cukurs**
[sa:ls | pipari | tsukurs]

café | té | postre

**kafija | tēja | deserts**
[kafija | te:ja | dɛserts]

agua | con gas | sin gas

**ūdens | gāzēts | negāzēts**
[u:dens | ga:ze:ts | nɛga:ze:ts]

una cuchara | un tenedor | un cuchillo

**karote | dakša | nazis**
[karɔte | dakʃa | nazis]

un plato | una servilleta

**šķīvis | salvete**
[ʃťi:vis | salvɛte]

---

¡Buen provecho!

**Labu apetīti!**
[labu apeti:ti!]

Uno más, por favor.

**Atnesiet vēl, lūdzu.**
[atnesiɛt ve:l, lu:dzu.]

Estaba delicioso.

**Bija ļoti garšīgi.**
[bija lʲɔti garʃi:gi.]

---

la cuenta | el cambio | la propina

**čeks | atlikums | dzeramnauda**
[re:tʲins | atlikums | dzɛramnauda]

La cuenta, por favor.

**Rēķinu, lūdzu.**
[re:tʲinu, lu:dzu.]

¿Puedo pagar con tarjeta?

**Vai varu samaksāt ar karti?**
[vai varu samaksa:t ar karti?]

Perdone, aquí hay un error.

**Atvainojiet, šeit ir kļūda.**
[atvainɔjiɛt, ʃɛit ir klʲu:da.]

# De Compras

¿Puedo ayudarle?

¿Tiene ...?

Busco ...

Necesito ...

**Kā es varu jums palīdzēt?**
[ka: es varu jums pali:dze:t?]

**Vai jums ir ...?**
[vai jums ir ...?]

**Es meklēju ...**
[es mekle:ju ...]

**Man vajag ...**
[man vajag ...]

---

Sólo estoy mirando.

Sólo estamos mirando.

Volveré más tarde.

Volveremos más tarde.

descuentos | oferta

**Es tikai skatos.**
[es tikai skatɔs.]

**Mēs tikai skatāmies.**
[me:s tikai skata:miɛs.]

**Es ienākšu vēlāk.**
[es iɛna:kʃu vɛ:la:k.]

**Mēs ienāksim vēlāk.**
[me:s iɛna:ksim vɛ:la:k.]

**atlaides | izpārdošana**
[atlaides | izpa:rdɔʃana]

---

Por favor, enséñeme ...

¿Me puede dar ..., por favor?

¿Puedo probarmelo?

Perdone, ¿dónde están los probadores?

¿Qué color le gustaría?

la talla | el largo

¿Cómo le queda? (¿Está bien?)

**Vai parādīsiet man, lūdzu, ...**
[vai para:di:siɛt man, lu:dzu, ...]

**Vai iedosiet man, lūdzu, ...**
[vai iɛdɔsiɛt man, lu:dzu, ...]

**Vai drīkstu pielaikot?**
[vai dri:kstu piɛlaikɔt?]

**Atvainojiet, kur ir pielaikošanas kabīne?**
[atvainɔjiɛt, kur ir piɛlaikɔʃanas kabi:ne?]

**Kādu krāsu vēlaties?**
[ka:du kra:su vɛ:latiɛs?]

**izmērs | augums**
[izmɛ:rs | augums]

**Vai der?**
[vai der?]

---

¿Cuánto cuesta esto?

Es muy caro.

Me lo llevo.

**Cik tas maksā?**
[tsik tas maksa:?]

**Tas ir par dārgu.**
[tas ir par da:rgu.]

**Es to ņemšu.**
[es tɔ ɲemʃu.]

| | |
|---|---|
| Perdone, ¿dónde está la caja? | **Atvainojiet, kur es varu samaksāt?**<br>[atvainɔjiɛt, kur es varu samaksa:t?] |
| ¿Pagará en efectivo o con tarjeta? | **Vai maksāsiet skaidrā naudā<br>vai ar karti?**<br>[vai maksa:siɛt skaidra: nauda:<br>vai ar karti?] |
| en efectivo \| con tarjeta | **Skaidrā naudā \| ar karti**<br>[skaidra: nauda: \| ar karti] |

| | |
|---|---|
| ¿Quiere el recibo? | **Vai jums vajag čeku?**<br>[vai jums vajag tʃɛku?] |
| Sí, por favor. | **Jā, lūdzu.**<br>[ja:, lu:dzu.] |
| No, gracias. | **Nē, paldies.**<br>[ne:, paldiɛs.] |
| Gracias. ¡Que tenga un buen día! | **Paldies. Visu labu!**<br>[paldiɛs. visu labu!] |

# En la ciudad

| | |
|---|---|
| Perdone, por favor. | **Atvainojiet, lūdzu ...**<br>[atvainɔjiɛt, lu:dzu ...] |
| Busco ... | **Es meklēju ...**<br>[es mekle:ju ...] |
| el metro | **metro**<br>[metrɔ] |
| mi hotel | **savu viesnīcu**<br>[savu viɛsni:tsu] |

| | |
|---|---|
| el cine | **kinoteātri**<br>[kinɔtea:tri] |
| una parada de taxis | **taksometra pieturu**<br>[taksɔmetra piɛturu] |
| un cajero automático | **bankomātu**<br>[bankɔma:tu] |
| una oficina de cambio | **valūtas maiņas punktu**<br>[valu:tas maiņas punktu] |

| | |
|---|---|
| un cibercafé | **interneta kafejnīcu**<br>[internɛta kafejni:tsu] |
| la calle ... | **... ielu**<br>[... iɛlu] |
| este lugar | **šo vietu**<br>[ʃɔ viɛtu] |

| | |
|---|---|
| ¿Sabe usted dónde está ...? | **Vai jūs ziniet, kur atrodas ...?**<br>[vai ju:s ziniɛt, kur atrɔdas ...?] |
| ¿Cómo se llama esta calle? | **Kā sauc šo ielu?**<br>[ka: sauts ʃɔ iɛlu?] |
| Muestreme dónde estamos ahora. | **Parādiet, kur mēs tagad atrodamies?**<br>[para:diɛt, kur me:s tagad atrɔdamiɛs?] |
| ¿Puedo llegar a pie? | **Vai es aiziešu ar kājām?**<br>[vai es aiziɛʃu ar ka:ja:m?] |
| ¿Tiene un mapa de la ciudad? | **Vai jums ir šīs pilsētas karte?**<br>[vai jums ir ʃi:s pilsɛ:tas karte?] |

| | |
|---|---|
| ¿Cuánto cuesta la entrada? | **Cik maksā ieejas biļete?**<br>[tsik maksa: iɛejas biļɛte?] |
| ¿Se pueden hacer fotos aquí? | **Vai šeit drīkst fotografēt?**<br>[vai ʃɛit dri:kst fotɔgrafe:t?] |
| ¿Está abierto? | **Vai esat atvērti?**<br>[vai ɛsat atve:rti?] |

¿A qué hora abren?

**Cikos jūs atverieties?**
[tsikɔs juːs atveriɛtiɛs?]

¿A qué hora cierran?

**Līdz cikiem jūs strādājiet?**
[liːdz tsikiɛm juːs straːdaːjiɛt?]

# Dinero

| | |
|---|---|
| dinero | **nauda**<br>[nauda] |
| efectivo | **skaidra nauda**<br>[skaidra nauda] |
| billetes | **papīra nauda**<br>[papi:ra nauda] |
| monedas | **sīknauda**<br>[si:knauda] |
| la cuenta \| el cambio \| la propina | **čeks \| atlikums \| dzeramnauda**<br>[re:tⁱins \| atlikums \| dzɛramnauda] |

| | |
|---|---|
| la tarjeta de crédito | **kredītkarte**<br>[kredi:tkarte] |
| la cartera | **maks**<br>[maku] |
| comprar | **pirkt**<br>[pirkt] |
| pagar | **maksāt**<br>[maksa:t] |
| la multa | **sods**<br>[sɔds] |
| gratis | **bez maksas**<br>[bez maksas] |

| | |
|---|---|
| ¿Dónde puedo comprar …? | **Kur es varu nopirkt …?**<br>[kur es varu nɔpirkt …?] |
| ¿Está el banco abierto ahora? | **Vai tagad banka ir atvērta?**<br>[vai tagad banka ir atve:rta?] |
| ¿A qué hora abre? | **No cikiem tā ir atvērta?**<br>[nɔ tsikiɛm ta: ir atve:rta?] |
| ¿A qué hora cierra? | **Līdz cikiem tā strādā?**<br>[li:dz tsikiɛm ta: stra:da:?] |

| | |
|---|---|
| ¿Cuánto cuesta? | **Cik maksā?**<br>[tsik maksa:?] |
| ¿Cuánto cuesta esto? | **Cik tas maksā?**<br>[tsik tas maksa:?] |
| Es muy caro. | **Tas ir par dārgu.**<br>[tas ir par da:rgu.] |

| | |
|---|---|
| Perdone, ¿dónde está la caja? | **Atvainojiet, kur es varu samaksāt?**<br>[atvainɔjiɛt, kur es varu samaksa:t?] |
| La cuenta, por favor. | **Rēķinu, lūdzu.**<br>[re:tⁱinu, lu:dzu.] |

¿Puedo pagar con tarjeta?

**Vai varu samaksāt ar karti?**
[vai varu samaksa:t ar karti?]

¿Hay un cajero por aquí?

**Vai šeit ir bankomāts?**
[vai ʃɛit ir bankɔma:ts?]

Busco un cajero automático.

**Es meklēju bankomātu.**
[es mekle:ju bankɔma:tu.]

Busco una oficina de cambio.

**Es meklēju valūtas maiņas punktu.**
[es mekle:ju valu:tas maiɲas punktu.]

Quisiera cambiar ...

**Es vēlos samainīt ...**
[es ve:lɔs samaini:t ...]

¿Cuál es el tipo de cambio?

**Kāds ir valūtas kurss?**
[ka:ds ir valu:tas kurs?]

¿Necesita mi pasaporte?

**Vai jums vajag manu pasi?**
[vai jums vajag manu pasi?]

# Tiempo

| | |
|---|---|
| ¿Qué hora es? | **Cik pulkstens?**<br>[tsik pulkstens?] |
| ¿Cuándo? | **Kad?**<br>[kad?] |
| ¿A qué hora? | **Cikos?**<br>[tsikɔs?] |
| ahora \| luego \| después de … | **tagad \| vēlāk \| pēc …**<br>[tagad \| vɛ:la:k \| pe:ts …] |

| | |
|---|---|
| la una | **pulkstens viens**<br>[pulkstens viɛns] |
| la una y cuarto | **piecpadsmit pāri vieniem**<br>[piɛtspadsmit pa:ri viɛniɛm] |
| la una y medio | **pusdivi**<br>[pusdivi] |
| las dos menos cuarto | **bez piecpadsmt divi**<br>[bez piɛtspadsmt divi] |

| | |
|---|---|
| una \| dos \| tres | **viens \| divi \| trīs**<br>[viɛns \| divi \| tri:s] |
| cuatro \| cinco \| seis | **četri \| pieci \| seši**<br>[tʃetri \| piɛtsi \| seʃi] |
| siete \| ocho \| nueve | **septiņi \| astoņi \| deviņi**<br>[septiɲi \| astɔɲi \| deviɲi] |
| diez \| once \| doce | **desmit \| vienpadsmit \| divpadsmit**<br>[desmit \| viɛnpadsmit \| divpadsmit] |

| | |
|---|---|
| en … | **pēc …**<br>[pe:ts …] |
| cinco minutos | **piecām minūtēm**<br>[piɛtsa:m minu:te:m] |
| diez minutos | **desmit minūtēm**<br>[desmit minu:te:m] |
| quince minutos | **piecpadsmit minūtēm**<br>[piɛtspadsmit minu:te:m] |
| veinte minutos | **divdesmit minūtēm**<br>[divdesmit minu:te:m] |

| | |
|---|---|
| media hora | **pusstundas**<br>[pustundas] |
| una hora | **stundas**<br>[stundas] |
| por la mañana | **no rīta**<br>[nɔ ri:ta] |

| | |
|---|---|
| por la mañana temprano | **agri no rīta**<br>[agri nɔ riːta] |
| esta mañana | **šorīt**<br>[ʃɔriːt] |
| mañana por la mañana | **rīt no rīta**<br>[riːt nɔ riːta] |

| | |
|---|---|
| al mediodía | **pusdienlaikā**<br>[pusdiɛnlaika:] |
| por la tarde | **pēcpusdienā**<br>[pe:tspusdiɛna:] |
| por la noche | **vakarā**<br>[vakara:] |
| esta noche | **šovakar**<br>[ʃɔvakar] |

| | |
|---|---|
| por la noche | **naktī**<br>[nakti:] |
| ayer | **vakar**<br>[vakar] |
| hoy | **šodien**<br>[ʃɔdiɛn] |
| mañana | **rīt**<br>[riːt] |
| pasado mañana | **parīt**<br>[pariːt] |

| | |
|---|---|
| ¿Qué día es hoy? | **Kas šodien par dienu?**<br>[kas ʃɔdiɛn par diɛnu?] |
| Es ... | **Šodien ir ...**<br>[ʃɔdiɛn ir ...] |
| lunes | **Pirmdiena**<br>[pirmdiɛna] |
| martes | **Otrdiena**<br>[ɔtrdiɛna] |
| miércoles | **Trešdiena**<br>[treʃdiɛna] |

| | |
|---|---|
| jueves | **Ceturtdiena**<br>[tsɛturtdiɛna] |
| viernes | **Piektdiena**<br>[piɛktdiɛna] |
| sábado | **Sestdiena**<br>[sestdiɛna] |
| domingo | **Svētdiena**<br>[sve:tdiɛna] |

# Saludos. Presentaciones.

Hola.

Encantado /Encantada/ de conocerle.

Yo también.

Le presento a ...

Encantado.

**Sveicināti.**
[svɛitsina:ti.]

**Priecājos ar jums iepazīties.**
[priɛtsa:jɔs ar jums iɛpazi:tiɛs.]

**Es arī.**
[es ari:.]

**Es vēlos jūs iepazīstināt ar ...**
[es ve:lɔs ju:s iɛpazi:stina:t ar ...]

**Ļoti patīkami.**
[ʎɔti pati:kami.]

---

¿Cómo está?

Me llamo ...

Se llama ...

Se llama ...

¿Cómo se llama (usted)?

¿Cómo se llama (él)?

¿Cómo se llama (ella)?

**Kā jums klājas?**
[ka: jums kla:jas?]

**Mani sauc ...**
[mani sauts ...]

**Viņu sauc ...**
[viɲu sauts ...]

**Viņu sauc ...**
[viɲu sauts ...]

**Kā jūs sauc?**
[ka: ju:s sauts?]

**Kā viņu sauc?**
[ka: viɲu sauts?]

**Kā viņu sauc?**
[ka: viɲu sauts?]

---

¿Cuál es su apellido?

Puede llamarme ...

¿De dónde es usted?

Yo soy de ....

¿A qué se dedica?

¿Quién es?

¿Quién es él?

¿Quién es ella?

¿Quiénes son?

**Kāds ir jūsu uzvārds?**
[ka:ds ir ju:su uzva:rds?]

**Sauciet mani ...**
[sautsiɛt mani ...]

**No kurienes jūs esat?**
[nɔ kuriɛnes ju:s ɛsat?]

**Esmu no ...**
[ɛsmu nɔ ...]

**Kāda ir jūsu nodarbošanās?**
[ka:da ir ju:su nɔdarbɔʃana:s?]

**Kas tas /tā/ ir?**
[kas tas /ta:/ ir?]

**Kas viņš ir?**
[kas viɲʃ ir?]

**Kas viņa ir?**
[kas viɲa ir?]

**Kas viņi /viņas/ ir?**
[kas viɲi /viɲas/ ir?]

| | |
|---|---|
| Este es ... | **Tas /tā/ ir ...**<br>[tas /ta:/ ir ...] |
| mi amigo | **mans draugs**<br>[mans draugs] |
| mi amiga | **mana draudzene**<br>[mana draudzɛne] |
| mi marido | **mans vīrs**<br>[mans vi:rs] |
| mi mujer | **mana sieva**<br>[mana siɛva] |
| mi padre | **mans tēvs**<br>[mans te:vs] |
| mi madre | **mana māte**<br>[mana ma:te] |
| mi hermano | **mans brālis**<br>[mans bra:lis] |
| mi hermana | **mana māsa**<br>[mana ma:sa] |
| mi hijo | **mans dēls**<br>[mans dɛ:ls] |
| mi hija | **mana meita**<br>[mana mɛita] |
| Este es nuestro hijo. | **Šis ir mūsu dēls.**<br>[ʃis ir mu:su dɛ:ls.] |
| Esta es nuestra hija. | **Šī ir mūsu meita.**<br>[ʃi: ir mu:su mɛita.] |
| Estos son mis hijos. | **Šie ir mani bērni.**<br>[ʃiɛ ir mani be:rni.] |
| Estos son nuestros hijos. | **Šie ir mūsu bērni.**<br>[ʃiɛ ir mu:su be:rni.] |

# Despedidas

| | |
|---|---|
| ¡Adiós! | **Uz redzēšanos!**<br>[uz redze:ʃanɔs!] |
| ¡Chau! | **Atā!**<br>[ata:!] |
| Hasta mañana. | **Līdz rītam.**<br>[li:dz ri:tam.] |
| Hasta pronto. | **Uz tikšanos.**<br>[uz tikʃanɔs.] |
| Te veo a las siete. | **Tiekamies septiņos.**<br>[tiɛkamies septiɲɔs.] |

| | |
|---|---|
| ¡Que se diviertan! | **Izpriecājaties!**<br>[izpriɛtsa:jatiɛs!] |
| Hablamos más tarde. | **Parunāsim vēlāk.**<br>[paruna:sim vɛ:la:k.] |
| Que tengas un buen fin de semana. | **Lai tev laba nedēļas nogale.**<br>[lai tev laba nɛdɛ:lʲas nɔgale.] |
| Buenas noches. | **Arlabunakt.**<br>[arlabunakt.] |

| | |
|---|---|
| Es hora de irme. | **Man laiks doties.**<br>[man laiks dɔtiɛs.] |
| Tengo que irme. | **Man jāiet.**<br>[man ja:iɛt.] |
| Ahora vuelvo. | **Es tūlīt būšu atpakaļ.**<br>[es tu:li:t bu:ʃu atpakalʲ.] |

| | |
|---|---|
| Es tarde. | **Jau vēls.**<br>[jau vɛ:ls.] |
| Tengo que levantarme temprano. | **Man agri jāceļas.**<br>[man agri ja:tsɛlʲas.] |
| Me voy mañana. | **Es rīt aizbraucu.**<br>[es ri:t aizbrautsu.] |
| Nos vamos mañana. | **Mēs rīt aizbraucam.**<br>[me:s ri:t aizbrautsam.] |

| | |
|---|---|
| ¡Que tenga un buen viaje! | **Laimīgu ceļojumu!**<br>[laimi:gu tsɛlʲɔjumu!] |
| Ha sido un placer. | **Bija prieks ar jums iepazīties.**<br>[bija priɛks ar jums iɛpazi:tiɛs.] |
| Fue un placer hablar con usted. | **Bija prieks ar jums sarunāties.**<br>[bija priɛks ar jums saruna:tiɛs.] |
| Gracias por todo. | **Paldies par visu.**<br>[paldies par visu.] |

| | |
|---|---|
| Lo he pasado muy bien. | **Es patīkami pavadīju laiku.**<br>[es pati:kami pavadi:ju laiku.] |
| Lo pasamos muy bien. | **Mēs patīkami pavadījām laiku.**<br>[me:s pati:kami pavadi:ja:m laiku.] |
| Fue genial. | **Viss bija lieliski.**<br>[vis bija lieliski.] |
| Le voy a echar de menos. | **Man jūs pietrūks.**<br>[man ju:s piɛtru:ks.] |
| Le vamos a echar de menos. | **Mums jūs pietrūks.**<br>[mums ju:s piɛtru:ks.] |
| ¡Suerte! | **Lai veicas!**<br>[lai vɛitsas!] |
| Saludos a ... | **Pasveiciniet ...**<br>[pasvɛitsiniɛt ...] |

# Idioma extranjero

| | |
|---|---|
| No entiendo. | **Es nesaprotu.**<br>[es nɛsaprɔtu.] |
| Escríbalo, por favor. | **Lūdzu, uzrakstiet to.**<br>[luːdzu, uzrakstiɛt tɔ.] |
| ¿Habla usted ...? | **Vai jūs runājat ...?**<br>[vai juːs runaːjat ...?] |

| | |
|---|---|
| Hablo un poco de ... | **Es nedaudz protu ...**<br>[es nɛdaudz prɔtu ...] |
| inglés | **angļu valodu**<br>[aŋglʲu valɔdu] |
| turco | **turku valodu**<br>[turku valɔdu] |
| árabe | **arābu valodu**<br>[araːbu valɔdu] |
| francés | **franču valodu**<br>[frantʃu valɔdu] |

| | |
|---|---|
| alemán | **vācu valodu**<br>[vaːtsu valɔdu] |
| italiano | **itāļu valodu**<br>[itaːlʲu valɔdu] |
| español | **spāņu valodu**<br>[spaːɲu valɔdu] |
| portugués | **portugāļu valodu**<br>[pɔrtugaːlʲu valɔdu] |
| chino | **ķīniešu valodu**<br>[tʲiːniɛʃu valɔdu] |
| japonés | **japāņu valodu**<br>[japaːɲu valɔdu] |

| | |
|---|---|
| ¿Puede repetirlo, por favor? | **Lūdzu, atkārtojiet.**<br>[luːdzu, atkaːrtɔjiɛt.] |
| Lo entiendo. | **Es saprotu.**<br>[es saprɔtu.] |
| No entiendo. | **Es nesaprotu.**<br>[es nɛsaprɔtu.] |
| Hable más despacio, por favor. | **Lūdzu, runājiet lēnāk.**<br>[luːdzu, runaːjiɛt lɛːnaːk.] |

| | |
|---|---|
| ¿Está bien? | **Vai pareizi?**<br>[vai parɛizi?] |
| ¿Qué es esto? (¿Que significa esto?) | **Kas tas ir?**<br>[kas tas ir?] |

## Disculpas

| | |
|---|---|
| Perdone, por favor. | **Atvainojiet, lūdzu.**<br>[atvainɔjiɛt, lu:dzu.] |
| Lo siento. | **Man žēl.**<br>[man ʒe:l.] |
| Lo siento mucho. | **Man ļoti žēl.**<br>[man lʲɔti ʒe:l.] |
| Perdón, fue culpa mía. | **Atvainojiet, tā ir mana vaina.**<br>[atvainɔjiɛt, ta: ir mana vaina.] |
| Culpa mía. | **Mana kļūda.**<br>[mana klʲu:da.] |

| | |
|---|---|
| ¿Puedo ...? | **Vai drīkstu ...?**<br>[vai dri:kstu ...?] |
| ¿Le molesta si ...? | **Vai jums nav nekas pretī, ja es ...?**<br>[vai jums nav nɛkas preti:, ja es ...?] |
| ¡No hay problema! (No pasa nada.) | **Tas nekas.**<br>[tas nɛkas.] |
| Todo está bien. | **Viss kārtībā.**<br>[vis ka:rti:ba:.] |
| No se preocupe. | **Neuztraucieties.**<br>[nɛuztrautsiɛtiɛs.] |

## Acuerdos

| | |
|---|---|
| Sí. | **Jā.**<br>[ja:.] |
| Sí, claro. | **Jā, protams.**<br>[ja:, prɔtams.] |
| Bien. | **Labi!**<br>[labi!] |
| Muy bien. | **Ļoti labi.**<br>[ˈʎɔti labi.] |
| ¡Claro que sí! | **Protams!**<br>[prɔtams!] |
| Estoy de acuerdo. | **Es piekrītu.**<br>[es piɛkri:tu.] |
| Es verdad. | **Taisnība.**<br>[taisni:ba.] |
| Es correcto. | **Pareizi.**<br>[parɛizi.] |
| Tiene razón. | **Jums taisnība.**<br>[jums taisni:ba.] |
| No me molesta. | **Man nav iebildumu.**<br>[man nav iɛbildumu.] |
| Es completamente cierto. | **Pilnīgi pareizi.**<br>[pilni:gi parɛizi.] |
| Es posible. | **Tas ir iespējams.**<br>[tas ir iɛspe:jams.] |
| Es una buena idea. | **Tā ir laba doma.**<br>[ta: ir laba dɔma.] |
| No puedo decir que no. | **Es nevaru atteikt.**<br>[es nɛvaru attɛikt.] |
| Estaré encantado /encantada/. | **Priecāšos.**<br>[priɛtsa:ʃɔs.] |
| Será un placer. | **Ar prieku.**<br>[ar priɛku.] |

## Rechazo. Expresar duda

| | |
|---|---|
| No. | **Nē.**<br>[ne:.] |
| Claro que no. | **Noteikti, nē.**<br>[nɔtɛikti, ne:.] |
| No estoy de acuerdo. | **Es nepiekrītu.**<br>[es nepiɛkri:tu.] |
| No lo creo. | **Es tā nedomāju.**<br>[es ta: nedɔma:ju.] |
| No es verdad. | **Tā nav taisnība.**<br>[ta: nav taisni:ba.] |

| | |
|---|---|
| No tiene razón. | **Jums nav taisnība.**<br>[jums nav taisni:ba.] |
| Creo que no tiene razón. | **Es domāju, jums nav taisnība.**<br>[es dɔma:ju, jums nav taisni:ba.] |
| No estoy seguro /segura/. | **Neesmu drošs.**<br>[neesmu drɔʃs.] |
| No es posible. | **Tas nav iespējams.**<br>[tas nav iɛspe:jams.] |
| ¡Nada de eso! | **Nekas tamlīdzīgs.**<br>[nɛkas tamli:dzi:gs.] |

| | |
|---|---|
| Justo lo contrario. | **Tieši pretēji.**<br>[tiɛʃi prɛte:ji.] |
| Estoy en contra de ello. | **Esmu pret.**<br>[ɛsmu pret.] |
| No me importa. (Me da igual.) | **Man vienalga.**<br>[man viɛnalga.] |
| No tengo ni idea. | **Man nav ne jausmas.**<br>[man nav ne jausmas.] |
| Dudo que sea así. | **Šaubos, ka tas tā ir.**<br>[ʃaubɔs, ka tas ta: ir.] |

| | |
|---|---|
| Lo siento, no puedo. | **Atvainojiet, es nevaru.**<br>[atvainɔjiɛt, es nɛvaru.] |
| Lo siento, no quiero. | **Atvainojiet, es negribu.**<br>[atvainɔjiɛt, es negribu.] |
| Gracias, pero no lo necesito. | **Paldies, bet man tas nav vajadzīgs.**<br>[paldiɛs, bet man tas nav vajadzi:gs.] |
| Ya es tarde. | **Jau vēls.**<br>[jau vɛ:ls.] |

Tengo que levantarme temprano.

**Man agri jāceļas.**
[man agri jaːtsɛlʲas.]

Me encuentro mal.

**Man ir slikti.**
[man ir slikti.]

# Expresar gratitud

| | |
|---|---|
| Gracias. | **Paldies.**<br>[paldiɛs.] |
| Muchas gracias. | **Liels paldies.**<br>[liɛls paldiɛs.] |
| De verdad lo aprecio. | **Esmu ļoti pateicīgs /pateicīga/.**<br>[ɛsmu ļɔti patɛitsi:gs /patɛitsi:ga/.] |
| Se lo agradezco. | **Es pateicos jums.**<br>[es patɛitsɔs jums.] |
| Se lo agradecemos. | **Mēs pateicamies jums.**<br>[me:s patɛitsamies jums.] |

| | |
|---|---|
| Gracias por su tiempo. | **Paldies, ka veltījāt laiku.**<br>[paldiɛs, ka velti:ja:t laiku.] |
| Gracias por todo. | **Paldies par visu.**<br>[paldies par visu.] |
| Gracias por … | **Paldies par …**<br>[paldies par …] |
| su ayuda | **palīdzību**<br>[pali:dzi:bu] |
| tan agradable momento | **labi pavadītu laiku**<br>[labi pavadi:tu laiku] |

| | |
|---|---|
| una comida estupenda | **brīniškīgu maltīti**<br>[bri:niʃti:gu malti:ti] |
| una velada tan agradable | **patīkamu vakaru**<br>[pati:kamu vakaru] |
| un día maravilloso | **lielisku dienu**<br>[liɛlisku diɛnu] |
| un viaje increíble | **pārsteidzošo braucienu**<br>[pa:rstɛidzɔʃo brautsiɛnu] |

| | |
|---|---|
| No hay de qué. | **Nav par ko.**<br>[nav par kɔ.] |
| De nada. | **Nav vērts pieminēt.**<br>[nav ve:rts piɛmine:t.] |
| Siempre a su disposición. | **Jebkurā laikā.**<br>[jebkura: laika:.] |
| Encantado /Encantada/ de ayudarle. | **Bija prieks palīdzēt.**<br>[bija priɛks pali:dze:t.] |
| No hay de qué. | **Aizmirstiet. Viss kārtībā.**<br>[aizmirstiɛt. vis ka:rti:ba:.] |
| No tiene importancia. | **Neuztraucieties.**<br>[nɛuztrautsiɛtiɛs.] |

## Felicitaciones , Mejores Deseos

¡Felicidades!

¡Feliz Cumpleaños!

¡Feliz Navidad!

¡Feliz Año Nuevo!

**Apsveicu!**
[apsvɛitsu!]
**Daudz laimes dzimšanas dienā!**
[daudz laimes dzimʃanas diɛna:!]
**Priecīgus Ziemassvētkus!**
[priɛtsi:gus ziɛmasve:tkus!]
**Laimīgu Jauno gadu!**
[laimi:gu jaunɔ gadu!]

¡Felices Pascuas!

¡Feliz Hanukkah!

**Priecīgas Lieldienas!**
[priɛtsi:gas liɛldiɛnas!]
**Priecīgu Hanuku!**
[priɛtsi:gu xanuku!]

Quiero brindar.

¡Salud!

¡Brindemos por ...!

¡A nuestro éxito!

¡A su éxito!

**Es vēlos teikt tostu.**
[es ve:lɔs tɛikt tɔstu.]
**Priekā!**
[priɛka:!]
**Uz ... veselību!**
[uz ... vɛseli:bu!]
**Par mūsu panākumiem!**
[par mu:su pana:kumiɛm!]
**Par jūsu panākumiem!**
[par ju:su pana:kumiɛm!]

¡Suerte!

¡Que tenga un buen día!

¡Que tenga unas buenas vacaciones!

¡Que tenga un buen viaje!

¡Espero que se recupere pronto!

**Lai veicas!**
[lai vɛitsas!]
**Lai jums jauka diena!**
[lai jums jauka diɛna!]
**Lai jums labas brīvdienas!**
[lai jums labas bri:vdiɛnas!]
**Lai jums veiksmīgs ceļojums!**
[lai jums vɛiksmi:gs tseľɔjums!]
**Novēlu jums ātru atveseļošanos!**
[nɔvɛ:lu jums a:tru atvɛseľɔʃanɔs!]

## Socializarse

| | |
|---|---|
| ¿Por qué está triste? | **Kāpēc jūs esat noskumis /noskumusi/?**<br>[ka:pe:ts ju:s ɛsat nɔskumis /nɔskumusi/?] |
| ¡Sonría! ¡Anímese! | **Pasmaidiet!**<br>[pasmaidiɛt!] |
| ¿Está libre esta noche? | **Vai esat aizņemts /aizņemta/ šovakar?**<br>[vai ɛsat aizɲemts /aizɲemta/ ʃovakar?] |

| | |
|---|---|
| ¿Puedo ofrecerle algo de beber? | **Vai drīkstu jums uzsaukt dzērienu?**<br>[vai dri:kstu jums uzsaukt dze:riɛnu?] |
| ¿Querría bailar conmigo? | **Vai vēlaties padejot?**<br>[vai vɛ:laties padejɔt?] |
| Vamos a ir al cine. | **Varbūt aizejam uz kino?**<br>[varbu:t aizejam uz kinɔ?] |

| | |
|---|---|
| ¿Puedo invitarle a …? | **Vai drīkstu jūs aicināt uz …?**<br>[vai dri:kstu ju:s aitsina:t uz …?] |
| un restaurante | **restorānu**<br>[restɔra:nu] |
| el cine | **kino**<br>[kinɔ] |
| el teatro | **teātri**<br>[tea:tri] |
| dar una vuelta | **pastaigu**<br>[pastaigu] |

| | |
|---|---|
| ¿A qué hora? | **Cikos?**<br>[tsikɔs?] |
| esta noche | **šovakar**<br>[ʃovakar] |
| a las seis | **sešos**<br>[seʃɔs] |
| a las siete | **septiņos**<br>[septiɲɔs] |
| a las ocho | **astošos**<br>[astɔʃɔs] |
| a las nueve | **deviņos**<br>[deviɲɔs] |

| | |
|---|---|
| ¿Le gusta este lugar? | **Vai jums te patīk?**<br>[vai jums te pati:k?] |
| ¿Está aquí con alguien? | **Vai jūs esat šeit ar kādu?**<br>[vai ju:s ɛsat ʃɛit ar ka:du?] |

| | |
|---|---|
| Estoy con mi amigo /amiga/. | **Esmu ar draugu /draudzeni/.** |
| | [ɛsmu ar draugu /draudzeni/.] |
| Estoy con amigos. | **Esmu ar saviem draugiem.** |
| | [ɛsmu ar saviɛm draugiɛm.] |
| No, estoy solo /sola/. | **Nē, esmu viens /viena/.** |
| | [ne:, esmu viɛns /viɛna/.] |

| | |
|---|---|
| ¿Tienes novio? | **Vai jums ir puisis?** |
| | [vai jums ir puisis?] |
| Tengo novio. | **Man ir puisis.** |
| | [man ir puisis.] |
| ¿Tienes novia? | **Vai jums ir meitene?** |
| | [vai jums ir mɛitɛne?] |
| Tengo novia. | **Man ir meitene,** |
| | [man ir mɛitɛne,] |

| | |
|---|---|
| ¿Te puedo volver a ver? | **Vai mēs vēl tiksimies?** |
| | [vai me:s ve:l tiksimiɛs?] |
| ¿Te puedo llamar? | **Vai drīkstu tev piezvanīt?** |
| | [vai dri:kstu tev piɛzvani:t?] |
| Llámame. | **Piezvani man.** |
| | [piɛzvani man.] |
| ¿Cuál es tu número? | **Kāds ir tavs numurs?** |
| | [ka:ds ir tavs numurs?] |
| Te echo de menos. | **Man tevis pietrūkst.** |
| | [man tevis piɛtru:kst.] |

| | |
|---|---|
| ¡Qué nombre tan bonito! | **Jums ir skaists vārds.** |
| | [jums ir skaists va:rds.] |
| Te quiero. | **Es tevi mīlu.** |
| | [es tevi mi:lu.] |
| ¿Te casarías conmigo? | **Vai precēsi mani.** |
| | [vai pretse:si mani.] |
| ¡Está de broma! | **Jūs jokojat?** |
| | [ju:s jokojat?] |
| Sólo estoy bromeando. | **Es tikai jokoju.** |
| | [es tikai jokoju.] |

| | |
|---|---|
| ¿En serio? | **Vai jūs nopietni?** |
| | [vai ju:s nopiɛtni?] |
| Lo digo en serio. | **Es runāju nopietni.** |
| | [es runa:ju nopiɛtni.] |
| ¿De verdad? | **Tiešām?!** |
| | [tiɛʃa:m?!] |
| ¡Es increíble! | **Tas ir neticami!** |
| | [tas ir netitsami!] |
| No le creo. | **Es jums neticu!** |
| | [es jums netitsu!] |
| No puedo. | **Es nevaru.** |
| | [es nɛvaru.] |
| No lo sé. | **Es nezinu.** |
| | [es nezinu.] |

No le entiendo.

**Es jūs nesaprotu.**
[es juːs nɛsaprɔtu.]

Váyase, por favor.

**Lūdzu, ejiet prom.**
[luːdzu, ejiɛt prɔm.]

¡Déjeme en paz!

**Atstājiet mani vienu!**
[atstaːjiɛt mani viɛnu!]

---

Es inaguantable.

**Es nevaru viņu ciest.**
[es nɛvaru viɲu tsiɛst.]

¡Es un asqueroso!

**Jūs esat pretīgs!**
[juːs ɛsat pretiːgs!]

¡Llamaré a la policía!

**Es izsaukšu policīju!**
[es izsaukʃu pɔlitsiːju!]

# Compartir impresiones. Emociones

| | |
|---|---|
| Me gusta. | **Man patīk.**<br>[man pati:k.] |
| Muy lindo. | **Ļoti jauki.**<br>[ļˀoti jauki.] |
| ¡Es genial! | **Tas ir lieliski!**<br>[tas ir liɛliski!] |
| No está mal. | **Tas nav slikti.**<br>[tas nav slikti.] |

| | |
|---|---|
| No me gusta. | **Man nepatīk.**<br>[man nɛpati:k.] |
| No está bien. | **Tas nav labi.**<br>[tas nav labi.] |
| Está mal. | **Tas ir slikti.**<br>[tas ir slikti.] |
| Está muy mal. | **Tas ir ļoti slikti.**<br>[tas ir ļˀoti slikti.] |
| ¡Qué asco! | **Tas ir pretīgi.**<br>[tas ir preti:gi.] |

| | |
|---|---|
| Estoy feliz. | **Esmu laimīgs /laimīga/.**<br>[ɛsmu laimi:gs /laimi:ga/.] |
| Estoy contento /contenta/. | **Esmu apmierināts /apmierināta/.**<br>[ɛsmu apmiɛrina:ts /apmiɛrina:ta/.] |
| Estoy enamorado /enamorada/. | **Esmu iemīlējies /iemīlējusies/.**<br>[ɛsmu iɛmi:le:jies /iɛmi:le:jusiɛs/.] |
| Estoy tranquilo. | **Esmu mierīgs /mierīga/.**<br>[ɛsmu miɛri:gs /miɛri:ga/.] |
| Estoy aburrido. | **Man ir garlaicīgi.**<br>[man ir garlaitsi:gi.] |

| | |
|---|---|
| Estoy cansado /cansada/. | **Es esmu noguris /nogurusi/.**<br>[es esmu nɔguris /nɔgurusi/.] |
| Estoy triste. | **Man ir skumji.**<br>[man ir skumji.] |
| Estoy asustado. | **Man ir bail.**<br>[man ir bail.] |
| Estoy enfadado /enfadada/. | **Esmu dusmīgs /dusmīga/.**<br>[ɛsmu dusmi:gs /dusmi:ga/.] |

| | |
|---|---|
| Estoy preocupado /preocupada/. | **Esmu uztraucies /uztraukusies/.**<br>[ɛsmu uztrautsies /uztraukusiɛs/.] |
| Estoy nervioso /nerviosa/. | **Esmu nervozs /nervoza/.**<br>[ɛsmu nervɔzs /nervɔza/.] |

Estoy celoso /celosa/.

**Es apskaužu.**
[es apskauʒu.]

Estoy sorprendido /sorprendida/.

**Esmu pārsteigts /pārsteigta/.**
[ɛsmu paːrstɛigts /paːrstɛigta/.]

Estoy perplejo /perpleja/.

**Esmu apjucis /apjukusi/.**
[ɛsmu apjutsis /apjukusi/.]

# Problemas, Accidentes

| | |
|---|---|
| Tengo un problema. | **Man ir problēma.**<br>[man ir prɔblɛ:ma.] |
| Tenemos un problema. | **Mums ir problēma.**<br>[mums ir prɔblɛ:ma.] |
| Estoy perdido /perdida/. | **Esmu apmaldījies /apmaldījusies/.**<br>[ɛsmu apmaldi:jies /apmaldi:jusiɛs/.] |
| Perdi el último autobús (tren). | **Es nokavēju pēdējo autobusu (vilcienu).**<br>[es nɔkave:ju pɛ:de:jɔ autɔbusu.] |
| No me queda más dinero. | **Man vairs nav naudas.**<br>[man vairs nav naudas.] |

| | |
|---|---|
| He perdido ... | **Es pazaudēju savu ...**<br>[es pazaude:ju savu ...] |
| Me han robado ... | **Kāds nozaga manu ...**<br>[ka:ds nɔzaga manu ...] |
| mi pasaporte | **pasi**<br>[pasi] |
| mi cartera | **maku**<br>[maku] |
| mis papeles | **dokumentus**<br>[dɔkumentus] |
| mi billete | **biļeti**<br>[biļˠeti] |

| | |
|---|---|
| mi dinero | **naudu**<br>[naudu] |
| mi bolso | **rokassomiņu**<br>[rɔkasɔmiɲu] |
| mi cámara | **fotoaparātu**<br>[fɔtɔapara:tu] |
| mi portátil | **klēpjdatoru**<br>[kle:pjdatɔru] |
| mi tableta | **planšetdatoru**<br>[planʃetdatɔru] |
| mi teléfono | **mobīlo telefonu**<br>[mɔbi:lɔ tɛlefɔnu] |

| | |
|---|---|
| ¡Ayúdeme! | **Palīgā!**<br>[pali:ga:!] |
| ¿Qué pasó? | **Kas noticis?**<br>[kas nɔtitsis?] |

| | |
|---|---|
| el incendio | **ugunsgrēks**<br>[ugunsgre:ks] |
| un tiroteo | **apšaude**<br>[ʃauʃana] |
| el asesinato | **slepkavība**<br>[slepkavi:ba] |
| una explosión | **sprādziens**<br>[spra:dziɛns] |
| una pelea | **kautiņš**<br>[kautiɳʃ] |

| | |
|---|---|
| ¡Llame a la policía! | **Izauciet policīju!**<br>[izautsiɛt politsi:ju!] |
| ¡Más rápido, por favor! | **Lūdzu, pasteidzieties!**<br>[lu:dzu, pastɛidziɛtiɛs!] |
| Busco la comisaría. | **Es meklēju policījas iecirkni.**<br>[es mekle:ju politsi:jas iɛtsirkni.] |
| Tengo que hacer una llamada. | **Man jāpezvana.**<br>[man ja:pezvana.] |
| ¿Puedo usar su teléfono? | **Vai drīkstu piezvanīt?**<br>[vai dri:kstu piɛzvani:t?] |

| | |
|---|---|
| Me han ... | **Mani ...**<br>[mani ...] |
| asaltado /asaltada/ | **aplaupīja**<br>[aplaupi:ja] |
| robado /robada/ | **apzaga**<br>[apzaga] |
| violada | **izvaroja**<br>[izvarɔja] |
| atacado /atacada/ | **piekāva**<br>[piɛka:va] |

| | |
|---|---|
| ¿Se encuentra bien? | **Vai jums viss kārtībā?**<br>[vai jums vis ka:rti:ba:?] |
| ¿Ha visto quien a sido? | **Vai jūs redzējāt, kurš tas bija?**<br>[vai ju:s redze:ja:t, kurʃ tas bija?] |
| ¿Sería capaz de reconocer<br>a la persona? | **Vai jūs varēsiet viņu atpazīt?**<br>[vai ju:s vare:siɛt viɳu atpazi:t?] |
| ¿Está usted seguro? | **Vai esat drošs /droša/?**<br>[vai ɛsat drɔʃs /drɔʃa/?] |

| | |
|---|---|
| Por favor, cálmese. | **Lūdzu, nomierinieties.**<br>[lu:dzu, nɔmiɛriniɛtiɛs.] |
| ¡Cálmese! | **Mierīgāk!**<br>[miɛri:ga:k!] |
| ¡No se preocupe! | **Neuztraucieties!**<br>[nɛuztrautsiɛtiɛs!] |
| Todo irá bien. | **Viss būs labi.**<br>[vis bu:s labi.] |
| Todo está bien. | **Viss kārtībā.**<br>[vis ka:rti:ba:.] |

Venga aquí, por favor.

Tengo unas preguntas para usted.

Espere un momento, por favor.

¿Tiene un documento de identidad?

Gracias. Puede irse ahora.

¡Manos detrás de la cabeza!

¡Está arrestado!

**Nāciet šurp, lūdzu.**
[na:tsiɛt ʃurp, lu:dzu.]

**Man jāuzdod jums daži jautājumi.**
[man ja:uzdɔd jums daʒi jauta:jumi.]

**Uzgaidiet, lūdzu.**
[uzgaidiɛt, lu:dzu.]

**Vai jums ir dokumenti?**
[vai jums ir dɔkumenti?]

**Paldies. Jūs variet iet.**
[paldiɛs. ju:s variɛt iɛt.]

**Rokas aiz galvas!**
[rɔkas aiz galvas!]

**Jūs esat arestēts /arestēta/!**
[ju:s ɛsat areste:ts /arestɛ:ta/!]

# Problemas de salud

| | |
|---|---|
| Ayudeme, por favor. | **Lūdzu, palīdziet.** [lu:dzu, pali:dzɛt.] |
| No me encuentro bien. | **Man ir slikti.** [man ir slikti.] |
| Mi marido no se encuentra bien. | **Manam vīram ir slikti.** [manam vi:ram ir slikti.] |
| Mi hijo ... | **Manam dēlam ...** [manam dɛ:lam ...] |
| Mi padre ... | **Manam tēvam ...** [manam tɛ:vam ...] |
| | |
| Mi mujer no se encuentra bien. | **Manai sievai ir slikti.** [manai siɛvai ir slikti.] |
| Mi hija ... | **Manai meitai ...** [manai mɛitai ...] |
| Mi madre ... | **Manai mātei ...** [manai ma:tɛi ...] |
| | |
| Me duele ... | **Man sāp ...** [man sa:p ...] |
| la cabeza | **galva** [galva] |
| la garganta | **kakls** [kakls] |
| el estómago | **vēders** [vɛ:dɛrs] |
| un diente | **zobs** [zɔbs] |
| | |
| Estoy mareado. | **Man reibst galva.** [man rɛibst galva.] |
| Él tiene fiebre. | **Viņam ir drudzis.** [viɲam ir drudzis.] |
| Ella tiene fiebre. | **Viņai ir drudzis.** [viɲai ir drudzis.] |
| No puedo respirar. | **Es nevaru paelpot.** [es nɛvaru paelpɔt.] |
| | |
| Me ahogo. | **Man trūkst elpas.** [man tru:kst elpas.] |
| Tengo asma. | **Man ir astma.** [man ir astma.] |
| Tengo diabetes. | **Man ir diabēts.** [man ir diabe:ts.] |

| | |
|---|---|
| No puedo dormir. | **Man ir bezmiegs.** |
| | [man ir bezmiɛgs.] |
| intoxicación alimentaria | **saindēšanās ar ēdienu** |
| | [sainde:ʃana:s ar e:diɛnu] |

| | |
|---|---|
| Me duele aquí. | **Man sāp šeit.** |
| | [man sa:p ʃɛit.] |
| ¡Ayúdeme! | **Palīgā!** |
| | [pali:ga:!] |
| ¡Estoy aquí! | **Es esmu šeit!** |
| | [es esmu ʃɛit!] |
| ¡Estamos aquí! | **Mēs esam šeit!** |
| | [me:s ɛsam ʃɛit!] |
| ¡Saquenme de aquí! | **Daboniet mani arā no šejienes!** |
| | [dabɔniɛt mani ara: nɔ ʃejiɛnes!] |
| Necesito un médico. | **Man vajag ārstu.** |
| | [man vajag a:rstu.] |
| No me puedo mover. | **Es nevaru pakustēties.** |
| | [es nɛvaru pakuste:tiɛs.] |
| No puedo mover mis piernas. | **Es nevaru pakustināt kājas.** |
| | [es nɛvaru pakustina:t ka:jas.] |

| | |
|---|---|
| Tengo una herida. | **Es esmu ievainots /ievainota/.** |
| | [es esmu iɛvainɔts /iɛvainɔta/.] |
| ¿Es grave? | **Vai kas nopietns?** |
| | [vai kas nɔpiɛtns?] |
| Mis documentos están en mi bolsillo. | **Mani dokumenti ir kabatā.** |
| | [mani dɔkumenti ir kabata:.] |
| ¡Cálmese! | **Nomierinieties!** |
| | [nɔmiɛriniɛtiɛs!] |
| ¿Puedo usar su teléfono? | **Vai drīkstu piezvanīt?** |
| | [vai dri:kstu piɛzvani:t?] |

| | |
|---|---|
| ¡Llame a una ambulancia! | **Izsauciet ātro palīdzību!** |
| | [izsautsiɛt a:trɔ pali:dzi:bu!] |
| ¡Es urgente! | **Tas ir steidzami!** |
| | [tas ir stɛidzami!] |
| ¡Es una emergencia! | **Tas ir ļoti steidzami!** |
| | [tas ir lʲɔti stɛidzami!] |
| ¡Más rápido, por favor! | **Lūdzu, pasteidzieties!** |
| | [lu:dzu, pastɛidziɛtiɛs!] |
| ¿Puede llamar a un médico, por favor? | **Lūdzu, izsauciet ārstu!** |
| | [lu:dzu, izsautsiɛt a:rstu!] |
| ¿Dónde está el hospital? | **Kur ir slimnīca?** |
| | [kur ir slimni:tsa?] |

| | |
|---|---|
| ¿Cómo se siente? | **Kā jūs jūtaties** |
| | [ka: ju:s ju:tatiɛs] |
| ¿Se encuentra bien? | **Vai jums viss kārtībā?** |
| | [vai jums vis ka:rti:ba:?] |
| ¿Qué pasó? | **Kas noticis?** |
| | [kas nɔtitsis?] |

Me encuentro mejor.

**Es jūtos labāk.**
[es juːtɔs labaːk.]

Está bien.

**Viss kārtībā.**
[vis kaːrtiːbaː.]

Todo está bien.

**Viss ir labi.**
[vis ir labi.]

# En la farmacia

| | |
|---|---|
| la farmacia | **aptieka**<br>[aptiɛka] |
| la farmacia 24 horas | **diennakts aptieka**<br>[diɛnnakts aptiɛka] |
| ¿Dónde está la farmacia más cercana? | **Kur ir tuvākā aptieka?**<br>[kur ir tuva:ka: aptiɛka?] |
| ¿Está abierta ahora? | **Vai tagad tā ir atvērta.**<br>[vai tagad ta: ir atve:rta.] |
| ¿A qué hora abre? | **Cikos tā būs atvērta?**<br>[tsikɔs ta: bu:s atve:rta?] |
| ¿A qué hora cierra? | **Līdz cikiem tā strādā?**<br>[li:dz tsikiɛm ta: stra:da:?] |
| ¿Está lejos? | **Vai tas ir tālu?**<br>[vai tas ir ta:lu?] |
| ¿Puedo llegar a pie? | **Vai es aiziešu ar kājām?**<br>[vai es aiziɛʃu ar ka:ja:m?] |
| ¿Puede mostrarme en el mapa? | **Lūdzu, parādiet to uz kartes?**<br>[lu:dzu, para:diɛt tɔ uz kartes?] |
| Por favor, deme algo para ... | **Lūdzu, dodiet man kaut ko pret ...**<br>[lu:dzu, dɔdiɛt man kaut kɔ pret ...] |
| un dolor de cabeza | **galvassāpēm**<br>[galvasa:pe:m] |
| la tos | **klepu**<br>[klɛpu] |
| el resfriado | **saaukstēšanos**<br>[saaukste:ʃanɔs] |
| la gripe | **gripu**<br>[gripu] |
| la fiebre | **drudzi**<br>[drudzi] |
| un dolor de estomago | **vēdersāpēm**<br>[vɛ:dɛrsa:pe:m] |
| nauseas | **sliktu dūšu**<br>[sliktu du:ʃu] |
| la diarrea | **caureju**<br>[tsaureju] |
| el estreñimiento | **aizcietējumu**<br>[aiztsiɛte:jumu] |
| un dolor de espalda | **muguras sāpēm**<br>[muguras sa:pe:m] |

| | |
|---|---|
| un dolor de pecho | **sāpēm krūtīs**<br>[sa:pe:m kru:ti:s] |
| el flato | **sāpēm sānos**<br>[sa:pe:m sa:nɔs] |
| un dolor abdominal | **vēdera sāpēm**<br>[vɛ:dɛra sa:pe:m] |

| | |
|---|---|
| la píldora | **tablete**<br>[tablɛte] |
| la crema | **ziede, krēms**<br>[ziɛde, kre:ms] |
| el jarabe | **sīrups**<br>[si:rups] |
| el spray | **aerosols**<br>[aerɔsɔls] |
| las gotas | **pilieni**<br>[piliɛni] |

| | |
|---|---|
| Tiene que ir al hospital. | **Jums jābrauc uz slimnīcu.**<br>[jums ja:brauts uz slimni:tsu.] |
| el seguro de salud | **veselības apdrošināšana**<br>[vɛseli:bas apdrɔʃina:ʃana] |
| la receta | **recepte**<br>[retsepte] |
| el repelente de insectos | **kukaiņu atbaidīšanas līdzeklis**<br>[kukaiņu atbaidi:ʃanas li:dzeklis] |
| la curita | **plāksteris**<br>[pla:ksteris] |

# Lo más imprescindible

| | |
|---|---|
| Perdone, ... | **Atvainojiet, ...** [atvainɔjiɛt, ...] |
| Hola. | **Sveicināti.** [svɛitsina:ti.] |
| Gracias. | **Paldies.** [paldiɛs.] |

| | |
|---|---|
| Sí. | **Jā.** [ja:.] |
| No. | **Nē.** [ne:.] |
| No lo sé. | **Es nezinu.** [es nezinu.] |
| ¿Dónde? | ¿A dónde? | ¿Cuándo? | **Kur? | Uz kurieni? | Kad?** [kur? | uz kuriɛni? | kad?] |

| | |
|---|---|
| Necesito ... | **Man vajag ...** [man vajag ...] |
| Quiero ... | **Es gribu ...** [es gribu ...] |
| ¿Tiene ...? | **Vai jums ir ...?** [vai jums ir ...?] |
| ¿Hay ... por aquí? | **Vai šeit ir ...?** [vai ʃɛit ir ...?] |
| ¿Puedo ...? | **Vai drīkstu ...?** [vai dri:kstu ...?] |
| ..., por favor? (petición educada) | **Lūdzu, ...** [lu:dzu, ...] |

| | |
|---|---|
| Busco ... | **Es meklēju ...** [es mekle:ju ...] |
| el servicio | **tualeti** [tualeti] |
| un cajero automático | **bankomātu** [bankɔma:tu] |
| una farmacia | **aptieku** [aptiɛku] |
| el hospital | **slimnīcu** [slimni:tsu] |

| | |
|---|---|
| la comisaría | **policījas iecirkni** [politsi:jas iɛtsirkni] |
| el metro | **metro** [metrɔ] |

| | |
|---|---|
| un taxi | **taksometru**<br>[taksɔmetru] |
| la estación de tren | **dzelzceļa staciju**<br>[dzelztsɛlʲa statsiju] |

| | |
|---|---|
| Me llamo … | **Mani sauc …**<br>[mani sauts …] |
| ¿Cómo se llama? | **Kā jūs sauc?**<br>[ka: ju:s sauts?] |
| ¿Puede ayudarme, por favor? | **Lūdzu, palīdziet.**<br>[lu:dzu, pali:dziɛt.] |
| Tengo un problema. | **Man ir problēma.**<br>[man ir problɛ:ma.] |
| Me encuentro mal. | **Man ir slikti.**<br>[man ir slikti.] |
| ¡Llame a una ambulancia! | **Izsauciet ātro palīdzību!**<br>[izsautsiɛt a:trɔ pali:dzi:bu!] |
| ¿Puedo llamar, por favor? | **Vai drīkstu piezvanīt?**<br>[vai dri:kstu piɛzvani:t?] |

| | |
|---|---|
| Lo siento. | **Atvainojos.**<br>[atvainɔjɔs.] |
| De nada. | **Lūdzu.**<br>[lu:dzu.] |

| | |
|---|---|
| Yo | **es**<br>[es] |
| tú | **tu**<br>[tu] |
| él | **viņš**<br>[viɲʃ] |
| ella | **viņa**<br>[viɲa] |
| ellos | **viņi**<br>[viɲi] |
| ellas | **viņas**<br>[viɲas] |
| nosotros /nosotras/ | **mēs**<br>[me:s] |
| ustedes, vosotros | **jūs**<br>[ju:s] |
| usted | **Jūs**<br>[ju:s] |

| | |
|---|---|
| ENTRADA | **IEEJA**<br>[iɛeja] |
| SALIDA | **IZEJA**<br>[izeja] |
| FUERA DE SERVICIO | **NESTRĀDĀ**<br>[nestra:da:] |
| CERRADO | **SLĒGTS**<br>[sle:gts] |

ABIERTO

**ATVĒRTS**
[atve:rts]

PARA SEÑORAS

**SIEVIETĒM**
[siɛviɛte:m]

PARA CABALLEROS

**VĪRIEŠIEM**
[vi:riɛʃiɛm]

# VOCABULARIO TEMÁTICO

Esta sección contiene más
de 3.000 de las palabras más
importantes. El diccionario
le proporcionará una ayuda
inestimable mientras viaja al
extranjero, porque las palabras
individuales son a menudo
suficientes para que
le entiendan.
El diccionario incluye una
transcripción adecuada
de cada palabra extranjera

**T&P Books Publishing**

# CONTENIDO
# DEL DICCIONARIO

T&P Books Publishing

# T&P BOOKS

# CONCEPTOS BÁSICOS

T&P Books Publishing

| yo | es | [es] |
|---|---|---|
| tú | tu | [tu] |

| él | viņš | [viɲʃ] |
|---|---|---|
| ella | viņa | [viɲa] |
| ello | tas | [tas] |

| nosotros, -as | mēs | [me:s] |
|---|---|---|
| vosotros, -as | jūs | [ju:s] |
| ellos, ellas | viņi | [viɲi] |

| ¡Hola! (fam.) | Sveiki! | [svɛiki!] |
|---|---|---|
| ¡Hola! (form.) | Esiet sveicināts! | [ɛsiɛt svɛitsina:ts!] |
| ¡Buenos días! | Labrīt! | [labri:t!] |
| ¡Buenas tardes! | Labdien! | [labdiɛn!] |
| ¡Buenas noches! | Labvakar! | [labvakar!] |

| decir hola | sveicināt | [svɛitsina:t] |
|---|---|---|
| ¡Hola! (a un amigo) | Čau! | [tʃau!] |
| saludo (m) | sveiciens (v) | [svɛitsiɛns] |
| saludar (vt) | pasveicināt | [pasvɛitsina:t] |
| ¿Cómo estás? | Kā iet? | [ka: iɛt?] |
| ¿Qué hay de nuevo? | Kas jauns? | [kas jauns?] |

| ¡Hasta la vista! (form.) | Uz redzēšanos! | [uz redze:ʃanɔs!] |
|---|---|---|
| ¡Hasta la vista! (fam.) | Atā! | [ata:!] |
| ¡Hasta pronto! | Uz tikšanos! | [uz tikʃanɔs!] |
| ¡Adiós! | Ardievu! | [ardiɛvu!] |
| despedirse (vr) | atvadīties | [atvadi:tiɛs] |
| ¡Hasta luego! | Nu tad pagaidām! | [nu tad pagaida:m!] |

| ¡Gracias! | Paldies! | [paldiɛs!] |
|---|---|---|
| ¡Muchas gracias! | Liels paldies! | [liɛls paldiɛs!] |
| De nada | Lūdzu | [lu:dzu] |
| No hay de qué | Nav par ko | [nav par kɔ] |
| De nada | Nav par ko | [nav par kɔ] |

| ¡Disculpa! | Atvaino! | [atvainɔ!] |
|---|---|---|
| ¡Disculpe! | Atvainojiet! | [atvainɔjiɛt!] |
| disculpar (vt) | piedot | [piɛdɔt] |

| disculparse (vr) | atvainoties | [atvainotiɛs] |
|---|---|---|
| Mis disculpas | Es atvainojos | [es atvainojos] |
| ¡Perdóneme! | Piedodiet! | [piɛdodiɛt!] |
| perdonar (vt) | piedot | [piɛdot] |
| ¡No pasa nada! | Tas nekas | [tas nɛkas] |
| por favor | lūdzu | [lu:dzu] |

| ¡No se le olvide! | Neaizmirstiet! | [neaizmirstiɛt!] |
|---|---|---|
| ¡Ciertamente! | Protams! | [protams!] |
| ¡Claro que no! | Protams, ka nē! | [protams, ka ne:!] |
| ¡De acuerdo! | Piekrītu! | [piɛkri:tu!] |
| ¡Basta! | Pietiek! | [piɛtiɛk!] |

## 3. Las preguntas

| ¿Quién? | Kas? | [kas?] |
|---|---|---|
| ¿Qué? | Kas? | [kas?] |
| ¿Dónde? | Kur? | [kur?] |
| ¿Adónde? | Uz kurieni? | [uz kuriɛni?] |
| ¿De dónde? | No kurienes? | [no kuriɛnes?] |
| ¿Cuándo? | Kad? | [kad?] |
| ¿Para qué? | Kādēļ? | [ka:de:ʎ?] |
| ¿Por qué? | Kāpēc? | [ka:pe:ts?] |

| ¿Por qué razón? | Kam? | [kam?] |
|---|---|---|
| ¿Cómo? | Kā? | [ka:?] |
| ¿Qué ...? (~ color) | Kāds? | [ka:ds?] |
| ¿Cuál? | Kurš? | [kurʃ?] |

| ¿A quién? | Kam? | [kam?] |
|---|---|---|
| ¿De quién? (~ hablan ...) | Par kuru? | [par kuru?] |
| ¿De qué? | Par ko? | [par ko?] |
| ¿Con quién? | Ar ko? | [ar ko?] |

| ¿Cuánto? (innum.) | Cik? | [tsik?] |
|---|---|---|
| ¿Cuánto? (num.) | Cik daudz? | [tsik daudz?] |
| ¿De quién? | Kura? Kuras? Kuru? | [kura?], [kuras?], [kuru?] |

## 4. Las preposiciones

| con ... (~ algn) | ar | [ar] |
|---|---|---|
| sin ... (~ azúcar) | bez | [bez] |
| a ... (p.ej. voy a México) | uz | [uz] |
| de ... (hablar ~) | par | [par] |
| antes de ... | pirms | [pirms] |
| delante de ... | priekšā | [priɛkʃa:] |
| debajo | zem | [zem] |
| sobre ..., encima de ... | virs | [virs] |

| | | |
|---|---|---|
| en, sobre (~ la mesa) | **uz** | [uz] |
| de (origen) | **no** | [nɔ] |
| de (fabricado de) | **no** | [nɔ] |
| | | |
| dentro de ... | **pēc** | [pe:ts] |
| encima de ... | **caur** | [tsaur] |

## 5. Las palabras útiles. Los adverbios. Unidad 1

| | | |
|---|---|---|
| ¿Dónde? | **Kur?** | [kur?] |
| aquí (adv) | **šeit** | [ʃɛit] |
| allí (adv) | **tur** | [tur] |
| | | |
| en alguna parte | **kaut kur** | [kaut kur] |
| en ninguna parte | **nekur** | [nɛkur] |
| | | |
| junto a ... | **pie ...** | [piɛ ...] |
| junto a la ventana | **pie loga** | [piɛ lɔga] |
| | | |
| ¿A dónde? | **Uz kurieni?** | [uz kuriɛni?] |
| aquí (venga ~) | **šurp** | [ʃurp] |
| allí (vendré ~) | **turp** | [turp] |
| de aquí (adv) | **no šejienes** | [nɔ ʃejiɛnes] |
| de allí (adv) | **no turienes** | [nɔ turiɛnes] |
| | | |
| cerca (no lejos) | **tuvu** | [tuvu] |
| lejos (adv) | **tālu** | [ta:lu] |
| | | |
| cerca de ... | **pie** | [piɛ] |
| al lado (de ...) | **blakus** | [blakus] |
| no lejos (adv) | **netālu** | [nɛta:lu] |
| | | |
| izquierdo (adj) | **kreisais** | [krɛisais] |
| a la izquierda (situado ~) | **pa kreisi** | [pa krɛisi] |
| a la izquierda (girar ~) | **pa kreisi** | [pa krɛisi] |
| | | |
| derecho (adj) | **labais** | [labais] |
| a la derecha (situado ~) | **pa labi** | [pa labi] |
| a la derecha (girar) | **pa labi** | [pa labi] |
| | | |
| delante (yo voy ~) | **priekšā** | [priɛkʃa:] |
| delantero (adj) | **priekšējs** | [priɛkʃe:js] |
| adelante (movimiento) | **uz priekšu** | [uz priɛkʃu] |
| | | |
| detrás de ... | **mugurpusē** | [mugurpuse:] |
| desde atrás | **no mugurpuses** | [nɔ mugurpuses] |
| atrás (da un paso ~) | **atpakaļ** | [atpakalʲ] |
| | | |
| centro (m), medio (m) | **vidus** (v) | [vidus] |
| en medio (adv) | **vidū** | [vidu:] |

| de lado (adv) | sānis | [sa:nis] |
| en todas partes | visur | [visur] |
| alrededor (adv) | apkārt | [apka:rt] |

| de dentro (adv) | no iekšpuses | [nɔ iɛkʃpuses] |
| a alguna parte | kaut kur | [kaut kur] |
| todo derecho (adv) | taisni | [taisni] |
| atrás (muévelo para ~) | atpakaļ | [atpakalʲ] |

| de alguna parte (adv) | no kaut kurienes | [nɔ kaut kuriɛnes] |
| no se sabe de dónde | nez no kurienes | [nez nɔ kuriɛnes] |

| primero (adv) | pirmkārt | [pirmka:rt] |
| segundo (adv) | otrkārt | [ɔtrka:rt] |
| tercero (adv) | treškārt | [treʃka:rt] |

| de súbito (adv) | pēkšņi | [pe:kʃɲi] |
| al principio (adv) | sākumā | [sa:kuma:] |
| por primera vez | pirmo reizi | [pirmɔ rɛizi] |
| mucho tiempo antes … | ilgu laiku pirms … | [ilgu laiku pirms …] |
| de nuevo (adv) | no jauna | [nɔ jauna] |
| para siempre (adv) | uz visiem laikiem | [uz visiɛm laikiɛm] |

| jamás, nunca (adv) | nekad | [nɛkad] |
| de nuevo (adv) | atkal | [atkal] |
| ahora (adv) | tagad | [tagad] |
| frecuentemente (adv) | bieži | [biɛʒi] |
| entonces (adv) | tad | [tad] |
| urgentemente (adv) | steidzami | [stɛidzami] |
| usualmente (adv) | parasti | [parasti] |

| a propósito, … | starp citu … | [starp tsitu …] |
| es probable | iespējams | [iɛspe:jams] |
| probablemente (adv) | ticams | [titsams] |
| tal vez | varbūt | [varbu:t] |
| además … | turklāt, … | [turkla:t, …] |
| por eso … | tādēļ … | [ta:de:lʲ …] |
| a pesar de … | neskatoties uz … | [neskatɔties uz …] |
| gracias a … | pateicoties … | [patɛitsɔties …] |

| qué (pron) | kas | [kas] |
| que (conj) | kas | [kas] |
| algo (~ le ha pasado) | kaut kas | [kaut kas] |
| algo (~ así) | kaut kas | [kaut kas] |
| nada (f) | nekas | [nɛkas] |

| quien | kas | [kas] |
| alguien (viene ~) | kāds | [ka:ds] |
| alguien (¿ha llamado ~?) | kāds | [ka:ds] |

| nadie | neviens | [neviɛns] |
| a ninguna parte | nekur | [nɛkur] |

| | | |
|---|---|---|
| de nadie | **neviena** | [neviɛna] |
| de alguien | **kāda** | [ka:da] |

| | | |
|---|---|---|
| tan, tanto (adv) | **tā** | [ta:] |
| también (~ habla francés) | **tāpat** | [ta:pat] |
| también (p.ej. Yo ~) | **arī** | [ari:] |

## 6. Las palabras útiles. Los adverbios. Unidad 2

| | | |
|---|---|---|
| ¿Por qué? | **Kāpēc?** | [ka:pe:ts?] |
| no se sabe porqué | **nez kāpēc** | [nez ka:pe:ts] |
| porque ... | **tāpēc ka ...** | [ta:pe:ts ka ...] |
| por cualquier razón (adv) | **nez kādēļ** | [nez ka:de:lʲ] |

| | | |
|---|---|---|
| y (p.ej. uno y medio) | **un** | [un] |
| o (p.ej. té o café) | **vai** | [vai] |
| pero (p.ej. me gusta, ~) | **bet** | [bet] |
| para (p.ej. es para ti) | **priekš** | [priɛkʃ] |

| | | |
|---|---|---|
| demasiado (adv) | **pārāk** | [pa:ra:k] |
| sólo, solamente (adv) | **tikai** | [tikai] |
| exactamente (adv) | **tieši** | [tiɛʃi] |
| unos ..., | **apmēram** | [apmɛ:ram] |
| cerca de ... (~ 10 kg) | | |

| | | |
|---|---|---|
| aproximadamente | **aptuveni** | [aptuveni] |
| aproximado (adj) | **aptuvens** | [aptuvens] |
| casi (adv) | **gandrīz** | [gandri:z] |
| resto (m) | **pārējais** | [pa:re:jais] |

| | | |
|---|---|---|
| el otro (adj) | **cits** | [tsits] |
| otro (p.ej. el otro día) | **cits** | [tsits] |
| cada (adj) | **katrs** | [katrs] |
| cualquier (adj) | **jebkurš** | [jebkurʃ] |
| mucho (adv) | **daudz** | [daudz] |
| muchos (mucha gente) | **daudzi** | [daudzi] |
| todos | **visi** | [visi] |

| | | |
|---|---|---|
| a cambio de ... | **apmaiņā pret ...** | [apmaiɲa: pret ...] |
| en cambio (adv) | **pretī** | [preti:] |
| a mano (hecho ~) | **ar rokām** | [ar roka:m] |
| poco probable | **diez vai** | [diɛz vai] |

| | | |
|---|---|---|
| probablemente | **laikam** | [laikam] |
| a propósito (adv) | **tīšām** | [ti:ʃa:m] |
| por accidente (adv) | **nejauši** | [nejauʃi] |

| | | |
|---|---|---|
| muy (adv) | **ļoti** | [lʲoti] |
| por ejemplo (adv) | **piemēram** | [piɛmɛ:ram] |
| entre (~ nosotros) | **starp** | [starp] |

| entre (~ otras cosas) | **vidū** | [vidu:] |
| tanto (~ gente) | **tik daudz** | [tik daudz] |
| especialmente (adv) | **īpaši** | [i:paʃi] |

# NÚMEROS. MISCELÁNEA

**T&P Books Publishing**

| cero | **nulle** | [nulle] |
|---|---|---|
| uno | **viens** | [viɛns] |
| dos | **divi** | [divi] |
| tres | **trīs** | [tri:s] |
| cuatro | **četri** | [tʃetri] |

| cinco | **pieci** | [piɛtsi] |
|---|---|---|
| seis | **seši** | [seʃi] |
| siete | **septiņi** | [septiɲi] |
| ocho | **astoņi** | [astɔɲi] |
| nueve | **deviņi** | [deviɲi] |

| diez | **desmit** | [desmit] |
|---|---|---|
| once | **vienpadsmit** | [viɛnpadsmit] |
| doce | **divpadsmit** | [divpadsmit] |
| trece | **trīspadsmit** | [tri:spadsmit] |
| catorce | **četrpadsmit** | [tʃetrpadsmit] |

| quince | **piecpadsmit** | [piɛtspadsmit] |
|---|---|---|
| dieciséis | **sešpadsmit** | [seʃpadsmit] |
| diecisiete | **septiņpadsmit** | [septiɲpadsmit] |
| dieciocho | **astoņpadsmit** | [astɔɲpadsmit] |
| diecinueve | **deviņpadsmit** | [deviɲpadsmit] |

| veinte | **divdesmit** | [divdesmit] |
|---|---|---|
| veintiuno | **divdesmit viens** | [divdesmit viɛns] |
| veintidós | **divdesmit divi** | [divdesmit divi] |
| veintitrés | **divdesmit trīs** | [divdesmit tri:s] |

| treinta | **trīsdesmit** | [tri:sdesmit] |
|---|---|---|
| treinta y uno | **trīsdesmit viens** | [tri:sdesmit viɛns] |
| treinta y dos | **trīsdesmit divi** | [tri:sdesmit divi] |
| treinta y tres | **trīsdesmit trīs** | [tri:sdesmit tri:s] |

| cuarenta | **četrdesmit** | [tʃetrdesmit] |
|---|---|---|
| cuarenta y uno | **četrdesmit viens** | [tʃetrdesmit viɛns] |
| cuarenta y dos | **četrdesmit divi** | [tʃetrdesmit divi] |
| cuarenta y tres | **četrdesmit trīs** | [tʃetrdesmit tri:s] |

| cincuenta | **piecdesmit** | [piɛtsdesmit] |
|---|---|---|
| cincuenta y uno | **piecdesmit viens** | [piɛtsdesmit viɛns] |
| cincuenta y dos | **piecdesmit divi** | [piɛtsdesmit divi] |
| cincuenta y tres | **piecdesmit trīs** | [piɛtsdesmit tri:s] |
| sesenta | **sešdesmit** | [seʃdesmit] |

| | | |
|---|---|---|
| sesenta y uno | sešdesmit viens | [seʃdesmit viɛns] |
| sesenta y dos | sešdesmit divi | [seʃdesmit divi] |
| sesenta y tres | sešdesmit trīs | [seʃdesmit tri:s] |
| | | |
| setenta | septiņdesmit | [septiɲdesmit] |
| setenta y uno | septiņdesmit viens | [septiɲdesmit viɛns] |
| setenta y dos | septiņdesmit divi | [septiɲdesmit divi] |
| setenta y tres | septiņdesmit trīs | [septiɲdesmit tri:s] |
| | | |
| ochenta | astoņdesmit | [astɔɲdesmit] |
| ochenta y uno | astoņdesmit viens | [astɔɲdesmit viɛns] |
| ochenta y dos | astoņdesmit divi | [astɔɲdesmit divi] |
| ochenta y tres | astoņdesmit trīs | [astɔɲdesmit tri:s] |
| | | |
| noventa | deviņdesmit | [deviɲdesmit] |
| noventa y uno | deviņdesmit viens | [deviɲdesmit viɛns] |
| noventa y dos | deviņdesmit divi | [deviɲdesmit divi] |
| noventa y tres | deviņdesmit trīs | [deviɲdesmit tri:s] |

## 8. Números cardinales. Unidad 2

| | | |
|---|---|---|
| cien | simts | [simts] |
| doscientos | divsimt | [divsimt] |
| trescientos | trīssimt | [tri:simt] |
| cuatrocientos | četrsimt | [tʃetrsimt] |
| quinientos | piecsimt | [piɛtsimt] |
| | | |
| seiscientos | sešsimt | [seʃsimt] |
| setecientos | septiņsimt | [septiɲsimt] |
| ochocientos | astoņsimt | [astɔɲsimt] |
| novecientos | deviņsimt | [deviɲsimt] |
| | | |
| mil | tūkstotis | [tu:kstɔtis] |
| dos mil | divi tūkstoši | [divi tu:kstɔʃi] |
| tres mil | trīs tūkstoši | [tri:s tu:kstɔʃi] |
| diez mil | desmit tūkstoši | [desmit tu:kstɔʃi] |
| cien mil | simt tūkstoši | [simt tu:kstɔʃi] |
| millón (m) | miljons (v) | [miljɔns] |
| mil millones | miljards (v) | [miljards] |

## 9. Números ordinales

| | | |
|---|---|---|
| primero (adj) | pirmais | [pirmais] |
| segundo (adj) | otrais | [ɔtrais] |
| tercero (adj) | trešais | [treʃais] |
| cuarto (adj) | ceturtais | [tsɛturtais] |
| quinto (adj) | piektais | [piɛktais] |
| sexto (adj) | sestais | [sestais] |

| | | |
|---|---|---|
| séptimo (adj) | **septītais** | [septi:tais] |
| octavo (adj) | **astotais** | [astɔtais] |
| noveno (adj) | **devītais** | [devi:tais] |
| décimo (adj) | **desmitais** | [desmitais] |

# LOS COLORES.
# LAS UNIDADES DE MEDIDA

T&P Books Publishing

## 10. Los colores

| | | |
|---|---|---|
| color (m) | **krāsa** (s) | [kra:sa] |
| matiz (m) | **nokrāsa** (s) | [nɔkra:sa] |
| tono (m) | **tonis** (v) | [tɔnis] |
| arco (m) iris | **varavīksne** (s) | [varavi:ksne] |

| | | |
|---|---|---|
| blanco (adj) | **balts** | [balts] |
| negro (adj) | **melns** | [melns] |
| gris (adj) | **pelēks** | [pɛle:ks] |

| | | |
|---|---|---|
| verde (adj) | **zaļš** | [zalʲʃ] |
| amarillo (adj) | **dzeltens** | [dzeltens] |
| rojo (adj) | **sarkans** | [sarkans] |
| azul (adj) | **zils** | [zils] |
| azul claro (adj) | **gaiši zils** | [gaiʃi zils] |
| rosa (adj) | **rozā** | [rɔza:] |
| naranja (adj) | **oranžs** | [ɔranʒs] |
| violeta (adj) | **violets** | [viɔlets] |
| marrón (adj) | **brūns** | [bru:ns] |

| | | |
|---|---|---|
| dorado (adj) | **zelta** | [zelta] |
| argentado (adj) | **sudrabains** | [sudrabains] |
| beige (adj) | **bēšs** | [be:ʃs] |
| crema (adj) | **krēmkrāsas** | [kre:mkra:sas] |
| turquesa (adj) | **zilganzaļš** | [zilganzalʲʃ] |
| rojo cereza (adj) | **ķiršu brīns** | [tʲirʃu bri:ns] |
| lila (adj) | **lillā** | [lilla:] |
| carmesí (adj) | **aveņkrāsas** | [aveŋkra:sas] |

| | | |
|---|---|---|
| claro (adj) | **gaišs** | [gaiʃs] |
| oscuro (adj) | **tumšs** | [tumʃs] |
| vivo (adj) | **spilgts** | [spilgts] |

| | | |
|---|---|---|
| de color (lápiz ~) | **krāsains** | [kra:sains] |
| en colores (película ~) | **krāsains** | [kra:sains] |
| blanco y negro (adj) | **melnbalts** | [melnbalts] |
| unicolor (adj) | **vienkrāsains** | [viɛnkra:sains] |
| multicolor (adj) | **daudzkrāsains** | [daudzkra:sains] |

## 11. Las unidades de medida

| | | |
|---|---|---|
| peso (m) | **svars** (v) | [svars] |
| longitud (f) | **garums** (v) | [garums] |

| anchura (f) | platums (v) | [platums] |
| altura (f) | augstums (v) | [augstums] |
| profundidad (f) | dziļums (v) | [dziʲums] |
| volumen (m) | apjoms (v) | [apjɔms] |
| área (f) | laukums (v) | [laukums] |

| gramo (m) | grams (v) | [grams] |
| miligramo (m) | miligrams (v) | [miligrams] |
| kilogramo (m) | kilograms (v) | [kilɔgrams] |
| tonelada (f) | tonna (s) | [tɔnna] |
| libra (f) | mārciņa (s) | [maːrtsiɲa] |
| onza (f) | unce (s) | [untse] |

| metro (m) | metrs (v) | [metrs] |
| milímetro (m) | milimetrs (v) | [milimetrs] |
| centímetro (m) | centimetrs (v) | [tsentimetrs] |
| kilómetro (m) | kilometrs (v) | [kilɔmetrs] |
| milla (f) | jūdze (s) | [juːdze] |

| pulgada (f) | colla (s) | [tsɔlla] |
| pie (m) | pēda (s) | [pɛːda] |
| yarda (f) | jards (v) | [jards] |

| metro (m) cuadrado | kvadrātmetrs (v) | [kvadraːtmetrs] |
| hectárea (f) | hektārs (v) | [xektaːrs] |
| litro (m) | litrs (v) | [litrs] |
| grado (m) | grāds (v) | [graːds] |
| voltio (m) | volts (v) | [vɔlts] |
| amperio (m) | ampērs (v) | [ampɛːrs] |
| caballo (m) de fuerza | zirgspēks (v) | [zirgspeːks] |

| cantidad (f) | daudzums (v) | [daudzums] |
| un poco de ... | nedaudz ... | [nɛdaudz ...] |
| mitad (f) | puse (s) | [puse] |
| docena (f) | ducis (v) | [dutsis] |
| pieza (f) | gabals (v) | [gabals] |

| dimensión (f) | izmērs (v) | [izmɛːrs] |
| escala (f) (del mapa) | mērogs (v) | [meːrɔgs] |

| mínimo (adj) | minimāls | [minimaːls] |
| el más pequeño (adj) | vismazākais | [vismaza:kais] |
| medio (adj) | vidējs | [vide:js] |
| máximo (adj) | maksimāls | [maksima:ls] |
| el más grande (adj) | vislielākais | [vislielaːkais] |

## 12. Contenedores

| tarro (m) de vidrio | burka (s) | [burka] |
| lata (f) | bundža (s) | [bundʒa] |

| | | |
|---|---|---|
| cubo (m) | **spainis** (v) | [spainis] |
| barril (m) | **muca** (s) | [mutsa] |
| | | |
| palangana (f) | **bļoda** (s) | [blʲɔda] |
| tanque (m) | **tvertne** (s) | [tvertne] |
| petaca (f) (de alcohol) | **blašķe** (s) | [blaʃtʲe] |
| bidón (m) de gasolina | **kanna** (s) | [kanna] |
| cisterna (f) | **cisterna** (s) | [tsisterna] |
| | | |
| taza (f) (mug de cerámica) | **krūze** (s) | [kru:ze] |
| taza (f) (~ de café) | **tase** (s) | [tase] |
| platillo (m) | **apakštase** (s) | [apakʃtase] |
| vaso (m) (~ de agua) | **glāze** (s) | [gla:ze] |
| copa (f) (~ de vino) | **pokāls** (v) | [pɔka:ls] |
| olla (f) | **kastrolis** (v) | [kastrɔlis] |
| | | |
| botella (f) | **pudele** (s) | [pudɛle] |
| cuello (m) de botella | **kakliņš** (v) | [kaklinʃ] |
| | | |
| garrafa (f) | **karafe** (s) | [karafe] |
| jarro (m) (~ de agua) | **krūka** (s) | [kru:ka] |
| recipiente (m) | **trauks** (v) | [trauks] |
| tarro (m) | **pods** (v) | [pɔds] |
| florero (m) | **vāze** (s) | [va:ze] |
| | | |
| frasco (m) (~ de perfume) | **flakons** (v) | [flakɔns] |
| frasquito (m) | **pudelīte** (s) | [pudeli:te] |
| tubo (m) | **tūbiņa** (s) | [tu:biɲa] |
| | | |
| saco (m) (~ de azúcar) | **maiss** (v) | [mais] |
| bolsa (f) (~ plástica) | **maisiņš** (v) | [maisinʃ] |
| paquete (m)<br>(~ de cigarrillos) | **paciņa** (s) | [patsiɲa] |
| | | |
| caja (f) | **kārba** (s) | [ka:rba] |
| cajón (m) (~ de madera) | **kastīte** (s) | [kasti:te] |
| cesta (f) | **grozs** (v) | [grɔzs] |

# LOS VERBOS MÁS IMPORTANTES

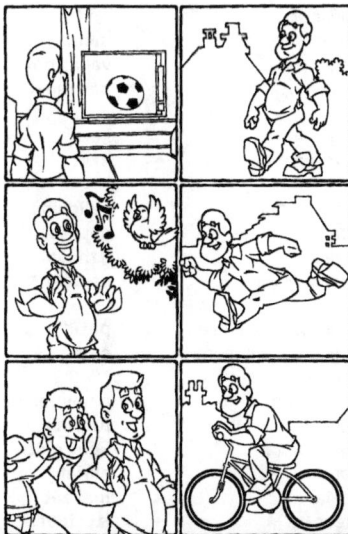

T&P Books Publishing

| abrir (vt) | atvērt | [atve:rt] |
| acabar, terminar (vt) | beigt | [bɛigt] |
| aconsejar (vt) | dot padomu | [dɔt padɔmu] |
| adivinar (vt) | uzminēt | [uzmine:t] |
| advertir (vt) | brīdināt | [bri:dina:t] |
| alabarse, jactarse (vr) | lielīties | [liɛli:tiɛs] |
| | | |
| almorzar (vi) | pusdienot | [pusdiɛnɔt] |
| alquilar (~ una casa) | īrēt | [i:re:t] |
| amenazar (vt) | draudēt | [draude:t] |
| arrepentirse (vr) | nožēlot | [nɔʒe:lɔt] |
| ayudar (vt) | palīdzēt | [pali:dze:t] |
| bañarse (vr) | peldēties | [pelde:tiɛs] |
| | | |
| bromear (vi) | jokot | [jɔkɔt] |
| buscar (vt) | meklēt ... | [mekle:t ...] |
| caer (vi) | krist | [krist] |
| callarse (vr) | klusēt | [kluse:t] |
| | | |
| cambiar (vt) | mainīt | [maini:t] |
| castigar, punir (vt) | sodīt | [sɔdi:t] |
| | | |
| cavar (vt) | rakt | [rakt] |
| cazar (vi, vt) | medīt | [medi:t] |
| cenar (vi) | vakariņot | [vakariɲɔt] |
| cesar (vt) | pārtraukt | [pa:rtraukt] |
| | | |
| coger (vt) | ķert | [tʲert] |
| comenzar (vt) | sākt | [sa:kt] |
| | | |
| comparar (vt) | salīdzināt | [sali:dzina:t] |
| comprender (vt) | saprast | [saprast] |
| confiar (vt) | uzticēt | [uztitse:t] |
| confundir (vt) | sajaukt | [sajaukt] |
| | | |
| conocer (~ a alguien) | pazīt | [pazi:t] |
| contar (vt) (enumerar) | sarēķināt | [sare:tʲina:t] |
| | | |
| contar con ... | paļauties uz ... | [paʎauties uz ...] |
| continuar (vt) | turpināt | [turpina:t] |
| controlar (vt) | kontrolēt | [kɔntrɔle:t] |
| correr (vi) | skriet | [skriɛt] |
| costar (vt) | maksāt | [maksa:t] |
| crear (vt) | izveidot | [izvɛidɔt] |

## 14. Los verbos más importantes. Unidad 2

| | | |
|---|---|---|
| dar (vt) | dot | [dɔt] |
| dar una pista | dot mājienu | [dɔt ma:jiɛnu] |
| decir (vt) | teikt | [tɛikt] |
| decorar (para la fiesta) | izrotāt | [izrɔta:t] |
| defender (vt) | aizstāvēt | [aizsta:ve:t] |
| dejar caer | nomest | [nɔmest] |
| desayunar (vi) | brokastot | [brɔkastɔt] |
| descender (vi) | nokāpt | [nɔka:pt] |
| dirigir (administrar) | vadīt | [vadi:t] |
| disculpar (vt) | piedot | [piɛdɔt] |
| disculparse (vr) | atvainoties | [atvainɔtiɛs] |
| discutir (vt) | apspriest | [apspriɛst] |
| dudar (vt) | šaubīties | [ʃaubi:tiɛs] |
| encontrar (hallar) | atrast | [atrast] |
| engañar (vi, vt) | krāpt | [kra:pt] |
| entrar (vi) | ieiet | [iɛiɛt] |
| enviar (vt) | sūtīt | [su:ti:t] |
| equivocarse (vr) | kļūdīties | [klʲu:di:tiɛs] |
| escoger (vt) | izvēlēties | [izvɛ:le:tiɛs] |
| esconder (vt) | slēpt | [sle:pt] |
| escribir (vt) | rakstīt | [raksti:t] |
| esperar (aguardar) | gaidīt | [gaidi:t] |
| esperar (tener esperanza) | cerēt | [tsɛre:t] |
| estar de acuerdo | piekrist | [piɛkrist] |
| estudiar (vt) | pētīt | [pe:ti:t] |
| exigir (vt) | prasīt | [prasi:t] |
| existir (vi) | eksistēt | [eksiste:t] |
| explicar (vt) | paskaidrot | [paskaidrɔt] |
| faltar (a las clases) | kavēt | [kave:t] |
| firmar (~ el contrato) | parakstīt | [paraksti:t] |
| girar (~ a la izquierda) | pagriezties | [pagriɛztiɛs] |
| gritar (vi) | kliegt | [kliɛgt] |
| guardar (conservar) | uzglabāt | [uzglaba:t] |
| gustar (vi) | patikt | [patikt] |
| hablar (vi, vt) | runāt | [runa:t] |
| hacer (vt) | darīt | [dari:t] |
| informar (vt) | informēt | [informe:t] |
| insistir (vi) | uzstāt | [uzsta:t] |
| insultar (vt) | aizvainot | [aizvainɔt] |
| interesarse (vr) | interesēties | [intɛrɛse:tiɛs] |
| invitar (vt) | ielūgt | [iɛlu:gt] |

| ir (a pie) | iet | [iɛt] |
| jugar (divertirse) | spēlēt | [spɛ:le:t] |

## 15. Los verbos más importantes. Unidad 3

| leer (vi, vt) | lasīt | [lasi:t] |
| liberar (ciudad, etc.) | atbrīvot | [atbri:vɔt] |
| llamar (por ayuda) | saukt | [saukt] |
| llegar (vi) | atbraukt | [atbraukt] |
| llorar (vi) | raudāt | [rauda:t] |

| matar (vt) | nogalināt | [nɔgalina:t] |
| mencionar (vt) | pieminēt | [piɛmine:t] |
| mostrar (vt) | parādīt | [para:di:t] |
| nadar (vi) | peldēt | [pelde:t] |

| negarse (vr) | atteikties | [attɛiktiɛs] |
| objetar (vt) | iebilst | [iɛbilst] |
| observar (vt) | novērot | [nɔve:rɔt] |
| oír (vt) | dzirdēt | [dzirde:t] |

| olvidar (vt) | aizmirst | [aizmirst] |
| orar (vi) | lūgties | [lu:gtiɛs] |
| ordenar (mil.) | pavēlēt | [pavɛ:le:t] |
| pagar (vi, vt) | maksāt | [maksa:t] |
| pararse (vr) | apstāties | [apsta:tiɛs] |

| participar (vi) | piedalīties | [piɛdali:tiɛs] |
| pedir (ayuda, etc.) | lūgt | [lu:gt] |
| pedir (en restaurante) | pasūtīt | [pasu:ti:t] |
| pensar (vi, vt) | domāt | [dɔma:t] |

| percibir (ver) | pamanīt | [pamani:t] |
| perdonar (vt) | piedot | [piɛdɔt] |
| permitir (vt) | atļaut | [atlʲaut] |
| pertenecer a ... | piederēt | [piɛdɛre:t] |

| planear (vt) | plānot | [pla:nɔt] |
| poder (v aux) | spēt | [spe:t] |
| poseer (vt) | pārvaldīt | [pa:rvaldi:t] |
| preferir (vt) | dot priekšroku | [dɔt priɛkʃrɔku] |
| preguntar (vt) | jautāt | [jauta:t] |

| preparar (la cena) | gatavot | [gatavɔt] |
| prever (vt) | paredzēt | [paredze:t] |
| probar, tentar (vt) | mēģināt | [me:dʲina:t] |
| prometer (vt) | solīt | [soli:t] |
| pronunciar (vt) | izrunāt | [izruna:t] |
| proponer (vt) | piedāvāt | [piɛda:va:t] |
| quebrar (vt) | lauzt | [lauzt] |

| quejarse (vr) | sūdzēties | [su:dze:tiɛs] |
|---|---|---|
| querer (amar) | mīlēt | [mi:le:t] |
| querer (desear) | gribēt | [gribe:t] |

## 16. Los verbos más importantes. Unidad 4

| recomendar (vt) | ieteikt | [iɛtɛikt] |
|---|---|---|
| regañar, reprender (vt) | lamāt | [lama:t] |
| reírse (vr) | smieties | [smiɛtiɛs] |
| repetir (vt) | atkārtot | [atka:rtɔt] |
| reservar (~ una mesa) | rezervēt | [rɛzerve:t] |
| responder (vi, vt) | atbildēt | [atbilde:t] |

| robar (vt) | zagt | [zagt] |
|---|---|---|
| saber (~ algo mas) | zināt | [zina:t] |
| salir (vi) | iziet | [iziɛt] |
| salvar (vt) | glābt | [gla:bt] |
| seguir ... | sekot ... | [sekɔt ...] |
| sentarse (vr) | sēsties | [se:stiɛs] |

| ser necesario | būt vajadzīgam | [bu:t vajadzi:gam] |
|---|---|---|
| ser, estar (vi) | būt | [bu:t] |
| significar (vt) | nozīmēt | [nɔzi:me:t] |
| sonreír (vi) | smaidīt | [smaidi:t] |
| sorprenderse (vr) | brīnīties | [bri:ni:tiɛs] |

| subestimar (vt) | par zemu vērtēt | [par zɛmu ve:rte:t] |
|---|---|---|
| tener (vt) | būt | [bu:t] |
| tener hambre | gribēt ēst | [gribe:t e:st] |
| tener miedo | baidīties | [baidi:tiɛs] |

| tener prisa | steigties | [stɛigtiɛs] |
|---|---|---|
| tener sed | gribēt dzert | [gribe:t dzert] |
| tirar, disparar (vi) | šaut | [ʃaut] |
| tocar (con las manos) | pieskarties | [piɛskartiɛs] |
| tomar (vt) | ņemt | [ɲemt] |
| tomar nota | pierakstīt | [piɛraksti:t] |

| trabajar (vi) | strādāt | [stra:da:t] |
|---|---|---|
| traducir (vt) | tulkot | [tulkɔt] |
| unir (vt) | apvienot | [apviɛnɔt] |
| vender (vt) | pārdot | [pa:rdɔt] |
| ver (vt) | redzēt | [redze:t] |
| volar (pájaro, avión) | lidot | [lidɔt] |

# LA HORA. EL CALENDARIO

**T&P Books Publishing**

| | | |
|---|---|---|
| lunes (m) | **pirmdiena** (s) | [pirmdiɛna] |
| martes (m) | **otrdiena** (s) | [ɔtrdiɛna] |
| miércoles (m) | **trešdiena** (s) | [treʃdiɛna] |
| jueves (m) | **ceturtdiena** (s) | [tsɛturtdiɛna] |
| viernes (m) | **piektdiena** (s) | [piɛktdiɛna] |
| sábado (m) | **sestdiena** (s) | [sestdiɛna] |
| domingo (m) | **svētdiena** (s) | [sve:tdiɛna] |
| | | |
| hoy (adv) | **šodien** | [ʃɔdiɛn] |
| mañana (adv) | **rīt** | [ri:t] |
| pasado mañana | **parīt** | [pari:t] |
| ayer (adv) | **vakar** | [vakar] |
| anteayer (adv) | **aizvakar** | [aizvakar] |
| | | |
| día (m) | **diena** (s) | [diɛna] |
| día (m) de trabajo | **darba diena** (s) | [darba diɛna] |
| día (m) de fiesta | **svētku diena** (s) | [sve:tku diɛna] |
| día (m) de descanso | **brīvdiena** (s) | [bri:vdiɛna] |
| fin (m) de semana | **brīvdienas** (s dsk) | [bri:vdiɛnas] |
| | | |
| todo el día | **visa diena** | [visa diɛna] |
| al día siguiente | **nākamajā dienā** | [na:kamaja: diɛna:] |
| dos días atrás | **pirms divām dienām** | [pirms diva:m diɛna:m] |
| en vísperas (adv) | **dienu iepriekš** | [diɛnu iɛpriɛkʃ] |
| diario (adj) | **ikdienas** | [igdiɛnas] |
| cada día (adv) | **katru dienu** | [katru diɛnu] |
| | | |
| semana (f) | **nedēļa** (s) | [nɛdɛ:lʲa] |
| semana (f) pasada | **pagājušajā nedēļā** | [paga:juʃaja: nɛdɛ:lʲa:] |
| semana (f) que viene | **nākamajā nedēļā** | [na:kamaja: nɛdɛ:lʲa:] |
| semanal (adj) | **iknedēļas** | [iknɛdɛ:lʲas] |
| cada semana (adv) | **katru nedēļu** | [katru nɛdɛ:lʲu] |
| 2 veces por semana | **divas reizes nedēļā** | [divas rɛizes nɛdɛ:lʲa:] |
| | | |
| todos los martes | **katru otrdienu** | [katru ɔtrdiɛnu] |

| | | |
|---|---|---|
| mañana (f) | **rīts** (v) | [ri:ts] |
| por la mañana | **no rīta** | [nɔ ri:ta] |
| mediodía (m) | **pusdiena** (s) | [pusdiɛna] |
| por la tarde | **pēcpusdienā** | [pe:tspusdiɛna:] |

| | | |
|---|---|---|
| noche (f) | vakars (v) | [vakars] |
| por la noche | vakarā | [vakara:] |
| noche (f) (p.ej. 2:00 a.m.) | nakts (s) | [nakts] |
| por la noche | naktī | [nakti:] |
| medianoche (f) | pusnakts (s) | [pusnakts] |
| | | |
| segundo (m) | sekunde (s) | [sɛkunde] |
| minuto (m) | minūte (s) | [minu:te] |
| hora (f) | stunda (s) | [stunda] |
| media hora (f) | pusstunda | [pustunda] |
| cuarto (m) de hora | stundas ceturksnis (v) | [stundas tsɛturksnis] |
| quince minutos | piecpadsmit minūtes | [piɛtspadsmit minu:tes] |
| veinticuatro horas | diennakts (s) | [diɛnnakts] |
| | | |
| salida (f) del sol | saullēkts (v) | [saulle:kts] |
| amanecer (m) | rītausma (s) | [ri:tausma] |
| madrugada (f) | agrs rīts (v) | [agrs ri:ts] |
| puesta (f) del sol | saulriets (v) | [saulriɛts] |
| | | |
| de madrugada | agri no rīta | [agri nɔ ri:ta] |
| esta mañana | šorīt | [ʃori:t] |
| mañana por la mañana | rīt no rīta | [ri:t nɔ ri:ta] |
| | | |
| esta tarde | šodien | [ʃodiɛn] |
| por la tarde | pēcpusdienā | [pe:tspusdiɛna:] |
| mañana por la tarde | rīt pēcpusdienā | [ri:t pe:tspusdiɛna:] |
| | | |
| esta noche (p.ej. 8:00 p.m.) | šovakar | [ʃovakar] |
| mañana por la noche | rītvakar | [ri:tvakar] |
| | | |
| a las tres en punto | tieši trijos | [tiɛʃi trijɔs] |
| a eso de las cuatro | ap četriem | [ap tʃetriɛm] |
| para las doce | ap divpadsmitiem | [ap divpadsmitiɛm] |
| | | |
| dentro de veinte minutos | pēc divdesmit minūtēm | [pe:ts divdesmit minu:te:m] |
| dentro de una hora | pēc stundas | [pe:ts stundas] |
| a tiempo (adv) | laikā | [laika:] |
| | | |
| … menos cuarto | bez ceturkšņa … | [bez tsɛturkʃɲa …] |
| durante una hora | stundas laikā | [stundas laika:] |
| cada quince minutos | katras piecpadsmit minūtes | [katras piɛtspadsmit minu:tes] |
| día y noche | caurām dienām | [tsaura:m diɛna:m] |

## 19. Los meses. Las estaciones

| | | |
|---|---|---|
| enero (m) | janvāris (v) | [janva:ris] |
| febrero (m) | februāris (v) | [februa:ris] |

| marzo (m) | **marts** (v) | [marts] |
| abril (m) | **aprīlis** (v) | [apriːlis] |
| mayo (m) | **maijs** (v) | [maijs] |
| junio (m) | **jūnijs** (v) | [juːnijs] |

| julio (m) | **jūlijs** (v) | [juːlijs] |
| agosto (m) | **augusts** (v) | [augusts] |
| septiembre (m) | **septembris** (v) | [septembris] |
| octubre (m) | **oktobris** (v) | [ɔktɔbris] |
| noviembre (m) | **novembris** (v) | [nɔvembris] |
| diciembre (m) | **decembris** (v) | [detsembris] |

| primavera (f) | **pavasaris** (v) | [pavasaris] |
| en primavera | **pavasarī** | [pavasariː] |
| de primavera (adj) | **pavasara** | [pavasara] |

| verano (m) | **vasara** (s) | [vasara] |
| en verano | **vasarā** | [vasaraː] |
| de verano (adj) | **vasaras** | [vasaras] |

| otoño (m) | **rudens** (v) | [rudens] |
| en otoño | **rudenī** | [rudeniː] |
| de otoño (adj) | **rudens** | [rudens] |

| invierno (m) | **ziema** (s) | [ziɛma] |
| en invierno | **ziemā** | [ziɛmaː] |
| de invierno (adj) | **ziemas** | [ziɛmas] |

| mes (m) | **mēnesis** (v) | [mɛːnesis] |
| este mes | **šomēnes** | [ʃɔmɛːnes] |
| al mes siguiente | **nākamajā mēnesī** | [naːkamaja: mɛːnesiː] |
| el mes pasado | **pagājušajā mēnesī** | [paga:juʃaja: mɛːnesiː] |

| hace un mes | **pirms mēneša** | [pirms mɛːneʃa] |
| dentro de un mes | **pēc mēneša** | [peːts mɛːneʃa] |
| dentro de dos meses | **pēc diviem mēnešiem** | [peːts diviɛm mɛːneʃiɛm] |
| todo el mes | **visu mēnesi** | [visu mɛːnesi] |
| todo un mes | **veselu mēnesi** | [vesɛlu mɛːnesi] |

| mensual (adj) | **ikmēneša** | [ikmɛːneʃa] |
| mensualmente (adv) | **ik mēnesi** | [ik mɛːnesi] |
| cada mes | **katru mēnesi** | [katru mɛːnesi] |
| dos veces por mes | **divas reizes mēnesī** | [divas rɛizes mɛːnesiː] |

| año (m) | **gads** (v) | [gads] |
| este año | **šogad** | [ʃɔgad] |
| el próximo año | **nākamajā gadā** | [naːkamaja: gada:] |
| el año pasado | **pagājušajā gadā** | [paga:juʃaja: gada:] |

| hace un año | **pirms gada** | [pirms gada] |
| dentro de un año | **pēc gada** | [peːts gada] |

| | | |
|---|---|---|
| dentro de dos años | **pēc diviem gadiem** | [pe:ts diviɛm gadiɛm] |
| todo el año | **visu gadu** | [visu gadu] |
| todo un año | **veselu gadu** | [vesɛlu gadu] |
| | | |
| cada año | **katru gadu** | [katru gadu] |
| anual (adj) | **ikgadējs** | [ikgade:js] |
| anualmente (adv) | **ik gadu** | [ik gadu] |
| cuatro veces por año | **četras reizes gadā** | [tʃetras rɛizes gada:] |
| | | |
| fecha (f) (la ~ de hoy es ...) | **datums** (v) | [datums] |
| fecha (f) (~ de entrega) | **datums** (v) | [datums] |
| calendario (m) | **kalendārs** (v) | [kalenda:rs] |
| | | |
| medio año (m) | **pusgads** | [pusgads] |
| seis meses | **pusgads** (v) | [pusgads] |
| estación (f) | **gadalaiks** (v) | [gadalaiks] |
| siglo (m) | **gadsimts** (v) | [gadsimts] |

T&P BOOKS

# EL VIAJE. EL HOTEL

T&P Books Publishing

## 20. Las vacaciones. El viaje

| turismo (m) | tūrisms (v) | [tu:risms] |
| turista (m) | tūrists (v) | [tu:rists] |
| viaje (m) | ceļojums (v) | [tselʲɔjums] |
| aventura (f) | piedzīvojums (v) | [piɛdzi:vɔjums] |
| viaje (m) (p.ej. ~ en coche) | brauciens (v) | [brautsiɛns] |

| vacaciones (f pl) | atvaļinājums (v) | [atvalʲina:jums] |
| estar de vacaciones | būt atvaļinājumā | [bu:t atvalʲina:juma:] |
| descanso (m) | atpūta (s) | [atpu:ta] |

| tren (m) | vilciens (v) | [viltsiɛns] |
| en tren | ar vilcienu | [ar viltsiɛnu] |
| avión (m) | lidmašīna (s) | [lidmaʃi:na] |
| en avión | ar lidmašīnu | [ar lidmaʃi:nu] |
| en coche | ar automobili | [ar autɔmɔbili] |
| en barco | ar kuģi | [ar kudʲi] |

| equipaje (m) | bagāža (s) | [baga:ʒa] |
| maleta (f) | čemodāns (v) | [tʃemɔda:ns] |
| carrito (m) de equipaje | bagāžas ratiņi (v dsk) | [baga:ʒas ratiɲi] |
| pasaporte (m) | pase (s) | [pase] |
| visado (m) | vīza (s) | [vi:za] |
| billete (m) | biļete (s) | [bilʲɛte] |
| billete (m) de avión | aviobiļete (s) | [aviɔbilʲɛte] |

| guía (f) (libro) | ceļvedis (v) | [tselʲvedis] |
| mapa (m) | karte (s) | [karte] |
| área (f) (~ rural) | apvidus (v) | [apvidus] |
| lugar (m) | vieta (s) | [viɛta] |

| exotismo (m) | eksotika (s) | [eksɔtika] |
| exótico (adj) | eksotisks | [eksɔtisks] |
| asombroso (adj) | apbrīnojams | [apbri:nɔjams] |

| grupo (m) | grupa (s) | [grupa] |
| excursión (f) | ekskursija (s) | [ekskursija] |
| guía (m) (persona) | gids (v) | [gids] |

## 21. El hotel

| hotel (m), motel (m) | viesnīca (s) | [viɛsni:tsa] |
| motel (m) | motelis (v) | [mɔtelis] |

| | | |
|---|---|---|
| de tres estrellas | **trīszvaigžņu** | [tri:szvaigჳɲu] |
| de cinco estrellas | **pieczvaigžņu** | [piɛtszvaigჳɲu] |
| hospedarse (vr) | **apmesties** | [apmestiɛs] |
| | | |
| habitación (f) | **numurs** (v) | [numurs] |
| habitación (f) individual | **vienvietīgs numurs** (v) | [viɛnviɛti:gs numurs] |
| habitación (f) doble | **divvietīgs numurs** (v) | [divviɛti:gs numurs] |
| reservar una habitación | **rezervēt numuru** | [rɛzerve:t numuru] |
| | | |
| media pensión (f) | **pus pansija** (s) | [pus pansija] |
| pensión (f) completa | **pilna pansija** (s) | [pilna pansija] |
| | | |
| con baño | **ar vannu** | [ar vannu] |
| con ducha | **ar dušu** | [ar duʃu] |
| televisión (f) satélite | **satelīta televīzija** (s) | [sateli:ta tɛlevi:zija] |
| climatizador (m) | **kondicionētājs** (v) | [kɔnditsiɔnɛ:ta:js] |
| toalla (f) | **dvielis** (v) | [dviɛlis] |
| llave (f) | **atslēga** (s) | [atslɛ:ga] |
| | | |
| administrador (m) | **administrators** (v) | [administratɔrs] |
| camarera (f) | **istabene** (s) | [istabɛne] |
| maletero (m) | **nesējs** (v) | [nɛse:js] |
| portero (m) | **portjē** (v) | [pɔrtje:] |
| | | |
| restaurante (m) | **restorāns** (v) | [restɔra:ns] |
| bar (m) | **bārs** (v) | [ba:rs] |
| desayuno (m) | **brokastis** (s dsk) | [brɔkastis] |
| cena (f) | **vakariņas** (s dsk) | [vakariɲas] |
| buffet (m) libre | **zviedru galds** (v) | [zviɛdru galds] |
| | | |
| vestíbulo (m) | **vestibils** (v) | [vestibils] |
| ascensor (m) | **lifts** (v) | [lifts] |
| | | |
| NO MOLESTAR | **NETRAUCĒT** | [netrautse:t] |
| PROHIBIDO FUMAR | **SMĒĶĒT AIZLIEGTS!** | [smɛ:tʲe:t aizliɛgts!] |

## 22. El turismo. La excursión

| | | |
|---|---|---|
| monumento (m) | **piemineklis** (v) | [piɛmineklis] |
| fortaleza (f) | **cietoksnis** (v) | [tsiɛtɔksnis] |
| palacio (m) | **pils** (s) | [pils] |
| castillo (m) | **pils** (s) | [pils] |
| torre (f) | **tornis** (v) | [tɔrnis] |
| mausoleo (m) | **mauzolejs** (v) | [mauzɔlejs] |
| | | |
| arquitectura (f) | **arhitektūra** (s) | [arxitektu:ra] |
| medieval (adj) | **viduslaiku** | [viduslaiku] |
| antiguo (adj) | **senlaiku** | [senlaiku] |
| nacional (adj) | **nacionāls** | [natsiɔna:ls] |
| conocido (adj) | **slavens** | [slavens] |

| | | |
|---|---|---|
| turista (m) | **tūrists** (v) | [tu:rists] |
| guía (m) (persona) | **gids** (v) | [gids] |
| excursión (f) | **ekskursija** (s) | [ekskursija] |
| mostrar (vt) | **parādīt** | [para:di:t] |
| contar (una historia) | **stāstīt** | [sta:sti:t] |
| | | |
| encontrar (hallar) | **atrast** | [atrast] |
| perderse (vr) | **nomaldīties** | [nɔmaldi:tiɛs] |
| plano (m) (~ de metro) | **shēma** (s) | [sxɛ:ma] |
| mapa (m) (~ de la ciudad) | **plāns** (v) | [pla:ns] |
| | | |
| recuerdo (m) | **suvenīrs** (v) | [suveni:rs] |
| tienda (f) de regalos | **suvenīru veikals** (v) | [suveni:ru vɛikals] |
| hacer fotos | **fotografēt** | [fɔtɔgrafe:t] |
| fotografiarse (vr) | **fotografēties** | [fɔtɔgrafe:tiɛs] |

# EL TRANSPORTE

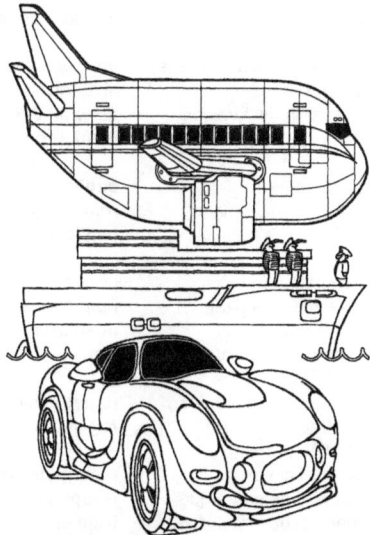

**T&P Books Publishing**

| | | |
|---|---|---|
| aeropuerto (m) | lidosta (s) | [lidɔsta] |
| avión (m) | lidmašĩna (s) | [lidmaʃi:na] |
| compañía (f) aérea | aviokompãnija (s) | [aviokɔmpa:nija] |
| controlador (m) aéreo | dispečers (v) | [dispetʃɛrs] |

| | | |
|---|---|---|
| despegue (m) | izlidojums (v) | [izlidɔjums] |
| llegada (f) | atlidošana (s) | [atlidɔʃana] |
| llegar (en avión) | atlidot | [atlidɔt] |

| | | |
|---|---|---|
| hora (f) de salida | izlidojuma laiks (v) | [izlidɔjuma laiks] |
| hora (f) de llegada | atlidošanās laiks (v) | [atlidɔʃana:s laiks] |

| | | |
|---|---|---|
| retrasarse (vr) | kavēties | [kave:tiɛs] |
| retraso (m) de vuelo | izlidojuma aizkavēšanās (s dsk) | [izlidɔjuma aizkave:ʃana:s] |

| | | |
|---|---|---|
| pantalla (f) de información | informãcijas tablo (v) | [infɔrma:tsijas tablɔ] |
| información (f) | informãcija (s) | [infɔrma:tsija] |
| anunciar (vt) | paziņot | [paziɲɔt] |
| vuelo (m) | reiss (v) | [rɛis] |

| | | |
|---|---|---|
| aduana (f) | muita (s) | [muita] |
| aduanero (m) | muitas ierēdnis (v) | [muitas iɛre:dnis] |

| | | |
|---|---|---|
| declaración (f) de aduana | muitas deklerãcija (s) | [muitas deklɛra:tsija] |
| rellenar (vt) | aizpildīt | [aizpildi:t] |
| rellenar la declaración | aizpildīt deklarāciju | [aizpildi:t deklara:tsiju] |
| control (m) de pasaportes | pasu kontrole (s) | [pasu kɔntrɔle] |

| | | |
|---|---|---|
| equipaje (m) | bagãža (s) | [baga:ʒa] |
| equipaje (m) de mano | rokas bagãža (s) | [rɔkas baga:ʒa] |
| carrito (m) de equipaje | bagãžas ratiņi (v dsk) | [baga:ʒas ratiɲi] |

| | | |
|---|---|---|
| aterrizaje (m) | nolaišanās (s dsk) | [nɔlaiʃana:s] |
| pista (f) de aterrizaje | nosēšanās josla (s) | [nɔse:ʃana:s jɔsla] |
| aterrizar (vi) | nosēsties | [nɔse:stiɛs] |
| escaleras (f pl) (de avión) | traps (v) | [traps] |

| | | |
|---|---|---|
| facturación (f) (check-in) | reģistrãcija (s) | [redʲistra:tsija] |
| mostrador (m) de facturación | reģistrãcijas galdiņš (v) | [redʲistra:tsijas galdiɲʃ] |
| hacer el check-in | piereģistrēties | [piɛredʲistre:tiɛs] |
| tarjeta (f) de embarque | iekãpšanas talons (v) | [iɛka:pʃanas talɔns] |
| puerta (f) de embarque | izeja (s) | [izeja] |

| tránsito (m) | tranzīts (v) | [tranzi:ts] |
| esperar (aguardar) | gaidīt | [gaidi:t] |
| zona (f) de preembarque | uzgaidāmā telpa (s) | [uzgaida:ma: telpa] |
| despedir (vt) | aizvadīt | [aizvadi:t] |
| despedirse (vr) | atvadīties | [atvadi:tiɛs] |

## 24. El avión

| avión (m) | lidmašīna (s) | [lidmaʃi:na] |
| billete (m) de avión | aviobiļete (s) | [aviobilʲɛte] |
| compañía (f) aérea | aviokompānija (s) | [aviɔkɔmpa:nija] |
| aeropuerto (m) | lidosta (s) | [lidɔsta] |
| supersónico (adj) | virsskaņas | [virskaɲas] |

| comandante (m) | kuģa komandieris (v) | [kudʲa kɔmandiɛris] |
| tripulación (f) | apkalpe (s) | [apkalpe] |
| piloto (m) | pilots (v) | [pilɔts] |
| azafata (f) | stjuarte (s) | [stjuarte] |
| navegador (m) | stūrmanis (v) | [stu:rmanis] |

| alas (f pl) | spārni (v dsk) | [spa:rni] |
| cola (f) | aste (s) | [aste] |
| cabina (f) | kabīne (s) | [kabi:ne] |
| motor (m) | dzinējs (v) | [dzine:js] |
| tren (m) de aterrizaje | šasija (s) | [ʃasija] |
| turbina (f) | turbīna (s) | [turbi:na] |

| hélice (f) | propelleris (v) | [prɔpelleris] |
| caja (f) negra | melnā kaste (s) | [melna: kaste] |
| timón (m) | stūres rats (v) | [stu:res rats] |
| combustible (m) | degviela (s) | [degviɛla] |

| instructivo (m) de seguridad | instrukcija (s) | [instruktsija] |
| respirador (m) de oxígeno | skābekļa maska (s) | [ska:beklʲa maska] |
| uniforme (m) | uniforma (s) | [unifɔrma] |
| chaleco (m) salvavidas | glābšanas veste (s) | [gla:bʃanas veste] |
| paracaídas (m) | izpletnis (v) | [izpletnis] |

| despegue (m) | pacelšanās (s dsk) | [patselʃana:s] |
| despegar (vi) | pacelties | [patseltiɛs] |
| pista (f) de despegue | skrejceļš (v) | [skrejtselʲʃ] |

| visibilidad (f) | redzamība (s) | [redzami:ba] |
| vuelo (m) | lidojums (v) | [lidɔjums] |
| altura (f) | augstums (v) | [augstums] |
| pozo (m) de aire | gaisa bedre (s) | [gaisa bedre] |

| asiento (m) | sēdeklis (v) | [sɛ:deklis] |
| auriculares (m pl) | austiņas (s dsk) | [austiɲas] |
| mesita (f) plegable | galdiņš (v) | [galdiɲʃ] |

| ventana (f) | iluminators (v) | [iluminatɔrs] |
| pasillo (m) | eja (s) | [eja] |

## 25. El tren

| tren (m) | vilciens (v) | [viltsiɛns] |
| tren (m) de cercanías | elektrovilciens (v) | [ɛlektrɔviltsiɛns] |
| tren (m) rápido | ātrvilciens (v) | [a:trviltsiɛns] |
| locomotora (f) diésel | dīzeļlokomotīve (s) | [di:zelʲlɔkɔmɔti:ve] |
| tren (m) de vapor | lokomotīve (s) | [lɔkɔmɔti:ve] |

| coche (m) | vagons (v) | [vagɔns] |
| coche (m) restaurante | restorānvagons (v) | [restɔra:nvagɔns] |

| rieles (m pl) | sliedes (s dsk) | [sliɛdes] |
| ferrocarril (m) | dzelzceļš (v) | [dzelztselʲʃ] |
| traviesa (f) | gulsnis (v) | [gulsnis] |

| plataforma (f) | platforma (s) | [platfɔrma] |
| vía (f) | ceļš (v) | [tselʲʃ] |
| semáforo (m) | semafors (v) | [sɛmafɔrs] |
| estación (f) | stacija (s) | [statsija] |

| maquinista (m) | mašīnists (v) | [maʃi:nists] |
| maletero (m) | nesējs (v) | [nɛse:js] |
| mozo (m) del vagón | pavadonis (v) | [pavadɔnis] |
| pasajero (m) | pasažieris (v) | [pasaʒiɛris] |
| revisor (m) | kontrolieris (v) | [kɔntrɔliɛris] |

| corredor (m) | koridors (v) | [kɔridɔrs] |
| freno (m) de urgencia | stop-krāns (v) | [stɔp-kra:ns] |

| compartimiento (m) | kupeja (s) | [kupeja] |
| litera (f) | plaukts (v) | [plaukts] |
| litera (f) de arriba | augšējais plaukts (v) | [augʃe:jais plaukts] |
| litera (f) de abajo | apakšējais plaukts (v) | [apakʃe:jais plaukts] |
| ropa (f) de cama | gultas veļa (s) | [gultas vɛlʲa] |

| billete (m) | biļete (s) | [bilʲɛte] |
| horario (m) | saraksts (v) | [saraksts] |
| pantalla (f) de información | tablo (v) | [tablɔ] |

| partir (vi) | atiet | [atiɛt] |
| partida (f) (del tren) | atiešana (s) | [atiɛʃana] |
| llegar (tren) | ierasties | [iɛrastiɛs] |
| llegada (f) | pienākšana (s) | [piɛna:kʃana] |

| llegar en tren | atbraukt ar vilcienu | [atbraukt ar viltsiɛnu] |
| tomar el tren | iekāpt vilcienā | [iɛka:pt viltsiɛna:] |
| bajar del tren | izkāpt no vilciena | [izka:pt nɔ viltsiɛna] |

| descarrilamiento (m) | katastrofa (s) | [katastrɔfa] |
| descarrilarse (vr) | noskriet no sliedēm | [nɔskriɛt nɔ sliɛde:m] |

| tren (m) de vapor | lokomotīve (s) | [lɔkɔmoti:ve] |
| fogonero (m) | kurinātājs (v) | [kurina:ta:js] |
| hogar (m) | kurtuve (s) | [kurtuve] |
| carbón (m) | ogles (s dsk) | [ɔgles] |

## 26. El barco

| barco, buque (m) | kuģis (v) | [kudʲis] |
| navío (m) | kuģis (v) | [kudʲis] |

| buque (m) de vapor | tvaikonis (v) | [tvaikɔnis] |
| motonave (f) | motorkuģis (v) | [mɔtɔrkudʲis] |
| trasatlántico (m) | laineris (v) | [laineris] |
| crucero (m) | kreiseris (v) | [krɛiseris] |

| yate (m) | jahta (s) | [jaxta] |
| remolcador (m) | velkonis (v) | [velkɔnis] |
| barcaza (f) | barža (s) | [barʒa] |
| ferry (m) | prāmis (v) | [pra:mis] |

| velero (m) | burinieks (v) | [buriniɛks] |
| bergantín (m) | brigantīna (s) | [briganti:na] |

| rompehielos (m) | ledlauzis (v) | [ledlauzis] |
| submarino (m) | zemūdene (s) | [zɛmu:dɛne] |

| bote (m) de remo | laiva (s) | [laiva] |
| bote (m) | laiva (s) | [laiva] |
| bote (m) salvavidas | glābšanas laiva (s) | [gla:bʃanas laiva] |
| lancha (f) motora | kuteris (v) | [kuteris] |

| capitán (m) | kapteinis (v) | [kaptɛinis] |
| marinero (m) | matrozis (v) | [matrɔzis] |
| marino (m) | jūrnieks (v) | [ju:rniɛks] |
| tripulación (f) | apkalpe (s) | [apkalpe] |

| contramaestre (m) | bocmanis (v) | [bɔtsmanis] |
| grumete (m) | junga (v) | [juŋga] |
| cocinero (m) de abordo | kuģa pavārs (v) | [kudʲa pava:rs] |
| médico (m) del buque | kuģa ārsts (v) | [kudʲa a:rsts] |

| cubierta (f) | klājs (v) | [kla:js] |
| mástil (m) | masts (v) | [masts] |
| vela (f) | bura (s) | [bura] |

| bodega (f) | tilpne (s) | [tilpne] |
| proa (f) | priekšgals (v) | [priɛkʃgals] |

| | | |
|---|---|---|
| popa (f) | pakaļgals (v) | [pakaļˈgals] |
| remo (m) | airis (v) | [airis] |
| hélice (f) | dzenskrūve (s) | [dzenskru:ve] |
| | | |
| camarote (m) | kajīte (s) | [kaji:te] |
| sala (f) de oficiales | kopkajīte (s) | [kɔpkaji:te] |
| sala (f) de máquinas | mašīnu nodaļa (s) | [maʃi:nu nɔdalʲa] |
| puente (m) de mando | komandtiltiņš (v) | [kɔmandtiltiɲʃ] |
| sala (f) de radio | radio telpa (s) | [radiɔ telpa] |
| onda (f) | vilnis (v) | [vilnis] |
| cuaderno (m) de bitácora | kuģa žurnāls (v) | [kudʲa ʒurna:ls] |
| | | |
| anteojo (m) | tālskatis (v) | [ta:lskatis] |
| campana (f) | zvans (v) | [zvans] |
| bandera (f) | karogs (v) | [karɔgs] |
| | | |
| cabo (m) (maroma) | tauva (s) | [tauva] |
| nudo (m) | mezgls (v) | [mezgls] |
| | | |
| pasamano (m) | rokturis (v) | [rɔkturis] |
| pasarela (f) | traps (v) | [traps] |
| | | |
| ancla (f) | enkurs (v) | [enkurs] |
| levar ancla | pacelt enkuru | [patselt enkuru] |
| echar ancla | izmest enkuru | [izmest enkuru] |
| cadena (f) del ancla | enkurķēde (s) | [enkurtʲɛ:de] |
| | | |
| puerto (m) | osta (s) | [ɔsta] |
| embarcadero (m) | piestātne (s) | [piɛsta:tne] |
| amarrar (vt) | pietauvot | [piɛtauvɔt] |
| desamarrar (vt) | atiet no krasta | [atiɛt nɔ krasta] |
| | | |
| viaje (m) | ceļojums (v) | [tselʲɔjums] |
| crucero (m) (viaje) | kruīzs (v) | [krui:zs] |
| derrota (f) (rumbo) | kurss (v) | [kurs] |
| itinerario (m) | maršruts (v) | [marʃruts] |
| | | |
| canal (m) navegable | kuģu ceļš (v) | [kudʲu tselʲʃ] |
| bajío (m) | sēklis (v) | [se:klis] |
| encallar (vi) | uzsēsties uz sēkļa | [uzse:sties uz se:klʲa] |
| | | |
| tempestad (f) | vētra (s) | [ve:tra] |
| señal (f) | signāls (v) | [signa:ls] |
| hundirse (vr) | grimt | [grimt] |
| ¡Hombre al agua! | Cilvēks aiz borta! | [tsilve:ks aiz bɔrta!] |
| SOS | SOS | [sɔs] |
| aro (m) salvavidas | glābšanas riņķis (v) | [gla:bʃanas riɲtʲis] |

# LA CIUDAD

T&P Books Publishing

| autobús (m) | autobuss (v) | [autɔbus] |
| tranvía (m) | tramvajs (v) | [tramvajs] |
| trolebús (m) | trolejbuss (v) | [trɔlejbus] |
| itinerario (m) | maršruts (v) | [marʃruts] |
| número (m) | numurs (v) | [numurs] |

| ir en ... | braukt ar ... | [braukt ar ...] |
| tomar (~ el autobús) | iekāpt | [iɛka:pt] |
| bajar (~ del tren) | izkāpt | [izka:pt] |

| parada (f) | pietura (s) | [piɛtura] |
| próxima parada (f) | nākamā pietura (s) | [na:kama: piɛtura] |
| parada (f) final | galapunkts (v) | [galapunkts] |
| horario (m) | saraksts (v) | [saraksts] |
| esperar (aguardar) | gaidīt | [gaidi:t] |

| billete (m) | biļete (s) | [biljɛte] |
| precio (m) del billete | biļetes maksa (s) | [biljɛtes maksa] |

| cajero (m) | kasieris (v) | [kasiɛris] |
| control (m) de billetes | kontrole (s) | [kɔntrɔle] |
| revisor (m) | kontrolieris (v) | [kɔntrɔliɛris] |

| llegar tarde (vi) | nokavēties | [nɔkave:tiɛs] |
| perder (~ el tren) | nokavēt ... | [nɔkave:t ...] |
| tener prisa | steigties | [stɛigtiɛs] |

| taxi (m) | taksometrs (v) | [taksɔmetrs] |
| taxista (m) | taksists (v) | [taksists] |
| en taxi | ar taksometru | [ar taksɔmetru] |
| parada (f) de taxi | taksometru stāvvieta (s) | [taksɔmetru sta:vviɛta] |
| llamar un taxi | izsaukt taksometru | [izsaukt taksɔmetru] |
| tomar un taxi | nolīgt taksometru | [nɔli:gt taksɔmetru] |

| tráfico (m) | satiksme (s) | [satiksme] |
| atasco (m) | sastrēgums (v) | [sastrɛ:gums] |
| horas (f pl) de punta | maksimālās slodzes laiks (v) | [maksima:la:s slɔdzes laiks] |

| aparcar (vi) | novietot auto | [nɔviɛtɔt autɔ] |
| aparcar (vt) | novietot auto | [nɔviɛtɔt autɔ] |
| aparcamiento (m) | autostāvvieta (s) | [autɔsta:vviɛta] |

| metro (m) | metro (v) | [metrɔ] |
| estación (f) | stacija (s) | [statsija] |

| | | |
|---|---|---|
| ir en el metro | **braukt ar metro** | [braukt ar metrɔ] |
| tren (m) | **vilciens** (v) | [viltsiɛns] |
| estación (f) | **dzelzceļa stacija** (s) | [dzelztsɛlʲa statsija] |

## 28. La ciudad. La vida en la ciudad

| | | |
|---|---|---|
| ciudad (f) | **pilsēta** (s) | [pilsɛ:ta] |
| capital (f) | **galvaspilsēta** (s) | [galvaspilsɛ:ta] |
| aldea (f) | **ciems** (v) | [tsiɛms] |
| | | |
| plano (m) de la ciudad | **pilsētas plāns** (v) | [pilsɛ:tas pla:ns] |
| centro (m) de la ciudad | **pilsētas centrs** (v) | [pilsɛ:tas tsentrs] |
| suburbio (m) | **piepilsēta** (s) | [piɛpilsɛ:ta] |
| suburbano (adj) | **piepilsētas** | [piɛpilsɛ:tas] |
| | | |
| arrabal (m) | **nomale** (s) | [nɔmale] |
| afueras (f pl) | **apkārtnes** (s dsk) | [apka:rtnes] |
| barrio (m) | **kvartāls** (v) | [kvarta:ls] |
| zona (f) de viviendas | **dzīvojamais kvartāls** (v) | [dzi:vɔjamais kvarta:ls] |
| | | |
| tráfico (m) | **satiksme** (s) | [satiksme] |
| semáforo (m) | **luksofors** (v) | [luksɔfɔrs] |
| transporte (m) urbano | **sabiedriskais transports** (v) | [sabiɛdriskais transpɔrts] |
| cruce (m) | **krustojums** (v) | [krustɔjums] |
| | | |
| paso (m) de peatones | **gājēju pāreja** (s) | [ga:je:ju pa:reja] |
| paso (m) subterráneo | **pazemes pāreja** (s) | [pazɛmes pa:reja] |
| cruzar (vt) | **pāriet** | [pa:riɛt] |
| peatón (m) | **kājāmgājējs** (v) | [ka:ja:mga:je:js] |
| acera (f) | **trotuārs** (v) | [trɔtua:rs] |
| | | |
| puente (m) | **tilts** (v) | [tilts] |
| muelle (m) | **krastmala** (s) | [krastmala] |
| fuente (f) | **strūklaka** (s) | [stru:klaka] |
| | | |
| alameda (f) | **gatve** (s) | [gatve] |
| parque (m) | **parks** (v) | [parks] |
| bulevar (m) | **bulvāris** (v) | [bulva:ris] |
| plaza (f) | **laukums** (v) | [laukums] |
| avenida (f) | **prospekts** (v) | [prɔspekts] |
| calle (f) | **iela** (s) | [iɛla] |
| callejón (m) | **šķērsiela** (s) | [ʃtʲɛ:rsiɛla] |
| callejón (m) sin salida | **strupceļš** (v) | [struptselʲʃ] |
| | | |
| casa (f) | **māja** (s) | [ma:ja] |
| edificio (m) | **ēka** (s) | [ɛ:ka] |
| rascacielos (m) | **augstceltne** (s) | [augsttseltne] |
| fachada (f) | **fasāde** (s) | [fasa:de] |
| techo (m) | **jumts** (v) | [jumts] |

| | | |
|---|---|---|
| ventana (f) | **logs** (v) | [lɔgs] |
| arco (m) | **loks** (v) | [lɔks] |
| columna (f) | **kolona** (s) | [kɔlɔna] |
| esquina (f) | **stūris** (v) | [stu:ris] |

| | | |
|---|---|---|
| escaparate (f) | **skatlogs** (v) | [skatlɔgs] |
| letrero (m) (~ luminoso) | **izkārtne** (s) | [izka:rtne] |
| cartel (m) | **afiša** (s) | [afiʃa] |
| cartel (m) publicitario | **reklāmu plakāts** (v) | [rekla:mu plaka:ts] |
| valla (f) publicitaria | **reklāmu dēlis** (v) | [rekla:mu de:lis] |

| | | |
|---|---|---|
| basura (f) | **atkritumi** (v dsk) | [atkritumi] |
| cajón (m) de basura | **atkritumu tvertne** (s) | [atkritumu tvertne] |
| tirar basura | **piegružot** | [piɛgruʒɔt] |
| basurero (m) | **izgāztuve** (s) | [izga:ztuve] |

| | | |
|---|---|---|
| cabina (f) telefónica | **telefona būda** (s) | [tɛlefɔna bu:da] |
| farola (f) | **laterna** (s) | [laterna] |
| banco (m) (del parque) | **sols** (v) | [sɔls] |

| | | |
|---|---|---|
| policía (m) | **policists** (v) | [pɔlitsists] |
| policía (f) (~ nacional) | **policija** (s) | [pɔlitsija] |
| mendigo (m) | **nabags** (v) | [nabags] |
| persona (f) sin hogar | **bezpajumtnieks** (v) | [bezpajumtniɛks] |

## 29. Las instituciones urbanas

| | | |
|---|---|---|
| tienda (f) | **veikals** (v) | [vɛikals] |
| farmacia (f) | **aptieka** (s) | [aptiɛka] |
| óptica (f) | **optika** (s) | [ɔptika] |
| centro (m) comercial | **tirdzniecības centrs** (v) | [tirdzniɛtsi:bas tsentrs] |
| supermercado (m) | **lielveikals** (v) | [liɛlvɛikals] |

| | | |
|---|---|---|
| panadería (f) | **maiznīca** (s) | [maizni:tsa] |
| panadero (m) | **maiznieks** (v) | [maizniɛks] |
| pastelería (f) | **konditoreja** (s) | [kɔnditɔreja] |
| tienda (f) de comestibles | **pārtikas preču veikals** (v) | [pa:rtikas pretʃu vɛikals] |
| carnicería (f) | **gaļas veikals** (v) | [gaļas vɛikals] |

| | | |
|---|---|---|
| verdulería (f) | **sakņu veikals** (v) | [sakņu vɛikals] |
| mercado (m) | **tirgus** (v) | [tirgus] |

| | | |
|---|---|---|
| cafetería (f) | **kafejnīca** (s) | [kafejni:tsa] |
| restaurante (m) | **restorāns** (v) | [restɔra:ns] |
| cervecería (f) | **alus krogs** (v) | [alus krɔgs] |
| pizzería (f) | **picērija** (s) | [pitse:rija] |

| | | |
|---|---|---|
| peluquería (f) | **frizētava** (s) | [frizɛ:tava] |
| oficina (f) de correos | **pasts** (v) | [pasts] |
| tintorería (f) | **ķīmiskā tīrītava** (s) | [tʲi:miska: ti:ri:tava] |

| | | |
|---|---|---|
| estudio (m) fotográfico | fotostudija (s) | [fɔtɔstudija] |
| zapatería (f) | apavu veikals (v) | [apavu vɛikals] |
| librería (f) | grāmatnīca (s) | [gra:matni:tsa] |
| tienda (f) deportiva | sporta preču veikals (v) | [spɔrta pretʃu vɛikals] |
| | | |
| arreglos (m pl) de ropa | apģērbu labošana (s) | [apdʲe:rbu labɔʃana] |
| alquiler (m) de ropa | apģērbu noma (s) | [apdʲe:rbu nɔma] |
| videoclub (m) | filmu noma (s) | [filmu nɔma] |
| | | |
| circo (m) | cirks (v) | [tsirks] |
| zoológico (m) | zoodārzs (v) | [zɔɔda:rzs] |
| cine (m) | kinoteātris (v) | [kinɔtea:tris] |
| museo (m) | muzejs (v) | [muzejs] |
| biblioteca (f) | bibliotēka (s) | [bibliɔtɛ:ka] |
| teatro (m) | teātris (v) | [tea:tris] |
| ópera (f) | opera (s) | [ɔpɛra] |
| club (m) nocturno | naktsklubs (v) | [naktsklubs] |
| casino (m) | kazino (v) | [kazinɔ] |
| | | |
| mezquita (f) | mošeja (s) | [mɔʃeja] |
| sinagoga (f) | sinagoga (s) | [sinagɔga] |
| catedral (f) | katedrāle (s) | [katedra:le] |
| templo (m) | dievnams (v) | [diɛvnams] |
| iglesia (f) | baznīca (s) | [bazni:tsa] |
| | | |
| instituto (m) | institūts (v) | [institu:ts] |
| universidad (f) | universitāte (s) | [univɛrsita:te] |
| escuela (f) | skola (s) | [skɔla] |
| | | |
| prefectura (f) | prefektūra (s) | [prefektu:ra] |
| alcaldía (f) | mērija (s) | [me:rija] |
| hotel (m) | viesnīca (s) | [viɛsni:tsa] |
| banco (m) | banka (s) | [banka] |
| | | |
| embajada (f) | vēstniecība (s) | [ve:stniɛtsi:ba] |
| agencia (f) de viajes | tūrisma aģentūra (s) | [tu:risma adʲentu:ra] |
| oficina (f) de información | izziņu birojs (v) | [izziɲu birɔjs] |
| oficina (f) de cambio | apmaiņas punkts (v) | [apmaiɲas punkts] |
| | | |
| metro (m) | metro (v) | [metrɔ] |
| hospital (m) | slimnīca (s) | [slimni:tsa] |
| | | |
| gasolinera (f) | degvielas uzpildes stacija (s) | [degviɛlas uzpildes statsija] |
| aparcamiento (m) | autostāvvieta (s) | [autɔsta:vviɛta] |

## 30. Los avisos

| | | |
|---|---|---|
| letrero (m) (~ luminoso) | izkārtne (s) | [izka:rtne] |
| cartel (m) (texto escrito) | uzraksts (v) | [uzraksts] |

117

| pancarta (f) | plakāts (v) | [plaka:ts] |
| señal (m) de dirección | ceļrādis (v) | [tselʲra:dis] |
| flecha (f) (signo) | bultiņa (s) | [bultiɳa] |

| advertencia (f) | brīdinājums (v) | [bri:dina:jums] |
| aviso (m) | brīdinājums (v) | [bri:dina:jums] |
| advertir (vt) | brīdināt | [bri:dina:t] |

| día (m) de descanso | brīvdiena (s) | [bri:vdiɛna] |
| horario (m) | saraksts (v) | [saraksts] |
| horario (m) de apertura | darba laiks (v) | [darba laiks] |

| ¡BIENVENIDOS! | LAIPNI LŪDZAM! | [laipni lu:dzam!] |
| ENTRADA | IEEJA | [iɛeja] |
| SALIDA | IZEJA | [izeja] |

| EMPUJAR | GRŪST | [gru:st] |
| TIRAR | VILKT | [vilkt] |
| ABIERTO | ATVĒRTS | [atve:rts] |
| CERRADO | SLĒGTS | [sle:gts] |

| MUJERES | SIEVIEŠU | [siɛviɛʃu] |
| HOMBRES | VĪRIEŠU | [vi:riɛʃu] |

| REBAJAS | ATLAIDES | [atlaides] |
| SALDOS | IZPĀRDOŠANA | [izpa:rdɔʃana] |
| NOVEDAD | JAUNUMS! | [jaunums!] |
| GRATIS | BEZMAKSAS | [bezmaksas] |

| ¡ATENCIÓN! | UZMANĪBU! | [uzmani:bu!] |
| COMPLETO | BRĪVU VIETU NAV | [bri:vu viɛtu nav] |
| RESERVADO | REZERVĒTS | [rɛzerve:ts] |

| ADMINISTRACIÓN | ADMINISTRĀCIJA | [administra:tsija] |
| SÓLO PERSONAL AUTORIZADO | TIKAI PERSONĀLAM | [tikai pɛrsɔna:lam] |

| CUIDADO CON EL PERRO | NIKNS SUNS | [nikns suns] |
| PROHIBIDO FUMAR | SMĒĶĒT AIZLIEGTS! | [smɛ:tʲe:t aizliɛgts!] |
| NO TOCAR | AR ROKĀM NEAIZTIKT | [ar rɔka:m neaiztikt] |

| PELIGROSO | BĪSTAMI | [bi:stami] |
| PELIGRO | BĪSTAMS | [bi:stams] |
| ALTA TENSIÓN | AUGSTSPRIEGUMS | [augstspriɛgums] |
| PROHIBIDO BAÑARSE | PELDĒT AIZLIEGTS! | [pelde:t aizliɛgts!] |
| NO FUNCIONA | NESTRĀDĀ | [nestra:da:] |

| INFLAMABLE | UGUNSNEDROŠS | [ugunsnedrɔʃs] |
| PROHIBIDO | AIZLIEGTS | [aizliɛgts] |
| PROHIBIDO EL PASO | IEIEJA AIZLIEGTA | [iɛiɛja aizliɛgta] |
| RECIÉN PINTADO | SVAIGI KRĀSOTS | [svaigi kra:sɔts] |

# 31. Las compras

| | | |
|---|---|---|
| comprar (vt) | **pirkt** | [pirkt] |
| compra (f) | **pirkums** (v) | [pirkums] |
| hacer compras | **iepirkties** | [iɛpirktiɛs] |
| compras (f pl) | **iepirkšanās** (s) | [iɛpirkʃana:s] |
| | | |
| estar abierto (tienda) | **strādāt** | [stra:da:t] |
| estar cerrado | **slēgties** | [sle:gtiɛs] |
| | | |
| calzado (m) | **apavi** (v dsk) | [apavi] |
| ropa (f) | **apģērbs** (v) | [apdʲe:rbs] |
| cosméticos (m pl) | **kosmētika** (s) | [kɔsme:tika] |
| productos alimenticios | **pārtikas produkti** (v dsk) | [pa:rtikas prɔdukti] |
| regalo (m) | **dāvana** (s) | [da:vana] |
| | | |
| vendedor (m) | **pārdevējs** (v) | [pa:rdɛve:js] |
| vendedora (f) | **pārdevēja** (s) | [pa:rdɛve:ja] |
| | | |
| caja (f) | **kase** (s) | [kase] |
| espejo (m) | **spogulis** (v) | [spɔgulis] |
| mostrador (m) | **lete** (s) | [lɛte] |
| probador (m) | **pielaikošanas kabīne** (s) | [piɛlaikɔʃanas kabi:ne] |
| | | |
| probar (un vestido) | **pielaikot** | [piɛlaikɔt] |
| quedar (una ropa, etc.) | **derēt** | [dɛre:t] |
| gustar (vi) | **patikt** | [patikt] |
| | | |
| precio (m) | **cena** (s) | [tsɛna] |
| etiqueta (f) de precio | **cenas zīme** (s) | [tsɛnas zi:me] |
| costar (vt) | **maksāt** | [maksa:t] |
| ¿Cuánto? | **Cik?** | [tsik?] |
| descuento (m) | **atlaide** (s) | [atlaide] |
| | | |
| no costoso (adj) | **ne visai dārgs** | [ne visai da:rgs] |
| barato (adj) | **lēts** | [le:ts] |
| caro (adj) | **dārgs** | [da:rgs] |
| Es caro | **Tas ir dārgi** | [tas ir da:rgi] |
| | | |
| alquiler (m) | **noma** (s) | [nɔma] |
| alquilar (vt) | **paņemt nomā** | [paɲemt nɔma:] |
| crédito (m) | **kredīts** (v) | [kredi:ts] |
| a crédito (adv) | **uz kredīta** | [uz kredi:ta] |

**T&P BOOKS**

# LA ROPA Y LOS ACCESORIOS

**T&P Books Publishing**

| ropa (f) | apģērbs (v) | [apdʲe:rbs] |
| ropa (f) de calle | virsdrēbes (s dsk) | [virsdrɛ:bes] |
| ropa (f) de invierno | ziemas drēbes (s dsk) | [ziɛmas drɛ:bes] |

| abrigo (m) | mētelis (v) | [mɛ:telis] |
| abrigo (m) de piel | kažoks (v) | [kaʒɔks] |
| abrigo (m) corto de piel | puskažoks (v) | [puskaʒɔks] |
| chaqueta (f) plumón | dūnu mētelis (v) | [du:nu mɛ:telis] |

| cazadora (f) | jaka (s) | [jaka] |
| impermeable (m) | apmetnis (v) | [apmetnis] |
| impermeable (adj) | ūdensnecaurlaidīgs | [u:densnetsaurlaidi:gs] |

| camisa (f) | krekls (v) | [krekls] |
| pantalones (m pl) | bikses (s dsk) | [bikses] |
| jeans, vaqueros (m pl) | džinsi (v dsk) | [dʒinsi] |
| chaqueta (f), saco (m) | žakete (s) | [ʒakɛte] |
| traje (m) | uzvalks (v) | [uzvalks] |

| vestido (m) | kleita (s) | [klɛita] |
| falda (f) | svārki (v dsk) | [sva:rki] |
| blusa (f) | blūze (s) | [blu:ze] |
| rebeca (f), chaqueta (f) de punto | vilnaina jaka (s) | [vilnaina jaka] |
| chaqueta (f) | žakete (s) | [ʒakɛte] |

| camiseta (f) (T-shirt) | sporta krekls (v) | [spɔrta krekls] |
| pantalones (m pl) cortos | šorti (v dsk) | [ʃɔrti] |
| traje (m) deportivo | sporta tērps (v) | [spɔrta te:rps] |
| bata (f) de baño | halāts (v) | [xala:ts] |
| pijama (m) | pidžama (s) | [pidʒama] |

| suéter (m) | svīteris (v) | [svi:teris] |
| pulóver (m) | pulovers (v) | [pulɔvɛrs] |

| chaleco (m) | veste (s) | [veste] |
| frac (m) | fraka (s) | [fraka] |
| esmoquin (m) | smokings (v) | [smɔkiŋgs] |
| uniforme (m) | uniforma (s) | [unifɔrma] |
| ropa (f) de trabajo | darba apģērbs (v) | [darba apdʲe:rbs] |

| | | |
|---|---|---|
| mono (m) | **kombinezons** (v) | [kɔmbinezɔns] |
| bata (f) (p. ej. ~ blanca) | **halāts** (v) | [xala:ts] |

## 34. La ropa. La ropa interior

| | | |
|---|---|---|
| ropa (f) interior | **veļa** (s) | [vɛlʲa] |
| bóxer (m) | **bokseršorti** (v dsk) | [bɔkserʃɔrti] |
| bragas (f pl) | **biksītes** (s dsk) | [biksi:tes] |
| camiseta (f) interior | **apakškrekls** (v) | [apakʃkrekls] |
| calcetines (m pl) | **zeķes** (s dsk) | [zɛtʲes] |

| | | |
|---|---|---|
| camisón (m) | **naktskrekls** (v) | [naktskrekls] |
| sostén (m) | **krūšturis** (v) | [kru:ʃturis] |
| calcetines (m pl) altos | **pusgarās zeķes** (s dsk) | [pusgara:s zɛtʲes] |
| pantimedias (f pl) | **zeķubikses** (s dsk) | [zɛtʲubikses] |
| medias (f pl) | **sieviešu zeķes** (s dsk) | [siɛviɛʃu zɛtʲes] |
| traje (m) de baño | **peldkostīms** (v) | [peldkɔsti:ms] |

## 35. Gorras

| | | |
|---|---|---|
| gorro (m) | **cepure** (s) | [tsɛpure] |
| sombrero (m) de fieltro | **platmale** (s) | [platmale] |
| gorra (f) de béisbol | **beisbola cepure** (s) | [bɛisbɔla tsɛpure] |
| gorra (f) plana | **žokejcepure** (s) | [ʒɔkejtsɛpure] |

| | | |
|---|---|---|
| boina (f) | **berete** (s) | [bɛrɛte] |
| capuchón (m) | **kapuce** (s) | [kaputse] |
| panamá (m) | **panama** (s) | [panama] |
| gorro (m) de punto | **adīta cepurīte** (s) | [adi:ta tsɛpuri:te] |

| | | |
|---|---|---|
| pañuelo (m) | **lakats** (v) | [lakats] |
| sombrero (m) de mujer | **cepurīte** (s) | [tsɛpuri:te] |

| | | |
|---|---|---|
| casco (m) (~ protector) | **ķivere** (s) | [tʲivɛre] |
| gorro (m) de campaña | **laiviņa** (s) | [laiviɲa] |
| casco (m) (~ de moto) | **bruņu cepure** (s) | [bruɲu tsɛpure] |

| | | |
|---|---|---|
| bombín (m) | **katliņš** (v) | [katliɲʃ] |
| sombrero (m) de copa | **cilindrs** (v) | [tsilindrs] |

## 36. El calzado

| | | |
|---|---|---|
| calzado (m) | **apavi** (v dsk) | [apavi] |
| botas (f pl) | **puszābaki** (v dsk) | [pusza:baki] |
| zapatos (m pl)<br>(~ de tacón bajo) | **kurpes** (s dsk) | [kurpes] |

| | | |
|---|---|---|
| botas (f pl) altas | zābaki (v dsk) | [za:baki] |
| zapatillas (f pl) | čĩbas (s dsk) | [tʃi:bas] |
| | | |
| tenis (m pl) | sporta kurpes (s dsk) | [sporta kurpes] |
| zapatillas (f pl) de lona | kedas (s dsk) | [kɛdas] |
| sandalias (f pl) | sandales (s dsk) | [sandales] |
| | | |
| zapatero (m) | kurpnieks (v) | [kurpniɛks] |
| tacón (m) | papēdis (v) | [pape:dis] |
| par (m) | pāris (v) | [pa:ris] |
| | | |
| cordón (m) | aukla (s) | [aukla] |
| encordonar (vt) | saitēt | [saite:t] |
| calzador (m) | kurpju velkamais (v) | [kurpju velkamais] |
| betún (m) | apavu krēms (v) | [apavu kre:ms] |

## 37. Accesorios personales

| | | |
|---|---|---|
| guantes (m pl) | cimdi (v dsk) | [tsimdi] |
| manoplas (f pl) | dūraiņi (v dsk) | [du:raiɲi] |
| bufanda (f) | šalle (s) | [ʃalle] |
| | | |
| gafas (f pl) | brilles (s dsk) | [brilles] |
| montura (f) | ietvars (v) | [iɛtvars] |
| paraguas (m) | lietussargs (v) | [liɛtusargs] |
| bastón (m) | spieķis (v) | [spiɛtʲis] |
| cepillo (m) de pelo | matu suka (s) | [matu suka] |
| abanico (m) | vēdeklis (v) | [vɛ:deklis] |
| | | |
| corbata (f) | kaklasaite (s) | [kaklasaite] |
| pajarita (f) | tauriņš (v) | [tauriɲʃ] |
| tirantes (m pl) | bikšturi (v dsk) | [bikʃturi] |
| moquero (m) | kabatlakatiņš (v) | [kabatlakatiɲʃ] |
| | | |
| peine (m) | ķemme (s) | [tʲemme] |
| pasador (m) de pelo | matu sprādze (s) | [matu spra:dze] |
| horquilla (f) | matadata (s) | [matadata] |
| hebilla (f) | sprādze (s) | [spra:dze] |
| cinturón (m) | josta (s) | [jɔsta] |
| correa (f) (de bolso) | siksna (s) | [siksna] |
| bolsa (f) | soma (s) | [sɔma] |
| bolso (m) | somiņa (s) | [sɔmiɲa] |
| mochila (f) | mugursoma (s) | [mugursɔma] |

## 38. La ropa. Miscelánea

| | | |
|---|---|---|
| moda (f) | mode (s) | [mɔde] |
| de moda (adj) | moderns | [mɔderns] |

| diseñador (m) de moda | modelētājs (v) | [mɔdɛlɛ:ta:js] |
| cuello (m) | apkakle (s) | [apkakle] |
| bolsillo (m) | kabata (s) | [kabata] |
| de bolsillo (adj) | kabatas | [kabatas] |
| manga (f) | piedurkne (s) | [piɛdurkne] |
| presilla (f) | pakaramais (v) | [pakaramais] |
| bragueta (f) | bikšu priekša | [bikʃu priɛkʃa] |

| cremallera (f) | rāvējslēdzējs (v) | [ra:ve:jsle:dze:js] |
| cierre (m) | aizdare (s) | [aizdare] |
| botón (m) | poga (s) | [pɔga] |
| ojal (m) | pogcaurums (v) | [pɔgtsaurums] |
| saltar (un botón) | atrauties | [atrautiɛs] |

| coser (vi, vt) | šūt | [ʃu:t] |
| bordar (vt) | izšūt | [izʃu:t] |
| bordado (m) | izšūšana (s) | [izʃu:ʃana] |
| aguja (f) | adata (s) | [adata] |
| hilo (m) | diegs (v) | [diɛgs] |
| costura (f) | šuve (s) | [ʃuve] |

| ensuciarse (vr) | notraipīties | [nɔtraipi:tiɛs] |
| mancha (f) | traips (v) | [traips] |
| arrugarse (vr) | saburzīties | [saburzi:tiɛs] |
| rasgar (vt) | saplēst | [saple:st] |
| polilla (f) | kode (s) | [kɔde] |

## 39. Productos personales. Cosméticos

| pasta (f) de dientes | zobu pasta (s) | [zɔbu pasta] |
| cepillo (m) de dientes | zobu suka (s) | [zɔbu suka] |
| limpiarse los dientes | tīrīt zobus | [ti:ri:t zɔbus] |

| maquinilla (f) de afeitar | skuveklis (v) | [skuveklis] |
| crema (f) de afeitar | skūšanas krēms (v) | [sku:ʃanas kre:ms] |
| afeitarse (vr) | skūties | [sku:tiɛs] |

| jabón (m) | ziepes (s dsk) | [ziɛpes] |
| champú (m) | šampūns (v) | [ʃampu:ns] |

| tijeras (f pl) | šķēres (s dsk) | [ʃtʲɛ:res] |
| lima (f) de uñas | nagu vīlīte (s) | [nagu vi:li:te] |
| cortaúñas (m pl) | knaiblītes (s dsk) | [knaibli:tes] |
| pinzas (f pl) | pincete (s) | [pintsɛte] |

| cosméticos (m pl) | kosmētika (s) | [kɔsme:tika] |
| mascarilla (f) | maska (s) | [maska] |
| manicura (f) | manikīrs (v) | [maniki:rs] |
| hacer la manicura | taisīt manikīru | [taisi:t maniki:ru] |
| pedicura (f) | pedikīrs (v) | [pediki:rs] |

| | | |
|---|---|---|
| bolsa (f) de maquillaje | kosmētikas somiņa (s) | [kɔsme:tikas sɔmiɲa] |
| polvos (m pl) | pūderis (v) | [pu:deris] |
| polvera (f) | pūdernīca (s) | [pu:derni:tsa] |
| colorete (m), rubor (m) | vaigu sārtums (v) | [vaigu sa:rtums] |
| | | |
| perfume (m) | smaržas (s dsk) | [smarʒas] |
| agua (f) de tocador | tualetes ūdens (v) | [tualɛtes u:dens] |
| loción (f) | losjons (v) | [lɔsjɔns] |
| agua (f) de Colonia | odekolons (v) | [ɔdekɔlɔns] |
| | | |
| sombra (f) de ojos | acu ēnas (s dsk) | [atsu ɛ:nas] |
| lápiz (m) de ojos | acu zīmulis (v) | [atsu zi:mulis] |
| rímel (m) | skropstu tuša (s) | [skrɔpstu tuʃa] |
| | | |
| pintalabios (m) | lūpu krāsa (s) | [lu:pu kra:sa] |
| esmalte (m) de uñas | nagu laka (s) | [nagu laka] |
| fijador (m) para el pelo | matu laka (s) | [matu laka] |
| desodorante (m) | dezodorants (v) | [dezɔdɔrants] |
| | | |
| crema (f) | krēms (v) | [kre:ms] |
| crema (f) de belleza | sejas krēms (v) | [sejas kre:ms] |
| crema (f) de manos | rokas krēms (v) | [rɔkas kre:ms] |
| crema (f) antiarrugas | pretgrumbu krēms (v) | [pretgrumbu kre:ms] |
| crema (f) de día | dienas krēms (v) | [diɛnas kre:ms] |
| crema (f) de noche | nakts krēms (v) | [nakts kre:ms] |
| de día (adj) | dienas | [diɛnas] |
| de noche (adj) | nakts | [nakts] |
| | | |
| tampón (m) | tampons (v) | [tampɔns] |
| papel (m) higiénico | tualetes papīrs (v) | [tualɛtes papi:rs] |
| secador (m) de pelo | fēns (v) | [fe:ns] |

# 40. Los relojes

| | | |
|---|---|---|
| reloj (m) | rokas pulkstenis (v) | [rɔkas pulkstenis] |
| esfera (f) | ciparnīca (s) | [tsiparni:tsa] |
| aguja (f) | bultiņa (s) | [bultiɲa] |
| pulsera (f) | metāla siksniņa (s) | [mɛta:la siksniɲa] |
| correa (f) (del reloj) | siksniņa (s) | [siksniɲa] |
| | | |
| pila (f) | baterija (s) | [baterija] |
| descargarse (vr) | izlādēties | [izla:de:tiɛs] |
| cambiar la pila | nomainīt bateriju | [nɔmaini:t bateriju] |
| adelantarse (vr) | steigties | [stɛigtiɛs] |
| retrasarse (vr) | atpalikt | [atpalikt] |
| | | |
| reloj (m) de pared | sienas pulkstenis (v) | [siɛnas pulkstenis] |
| reloj (m) de arena | smilšu pulkstenis (v) | [smilʃu pulkstenis] |
| reloj (m) de sol | saules pulkstenis (v) | [saules pulkstenis] |
| despertador (m) | modinātājs (v) | [mɔdina:ta:js] |

| | | |
|---|---|---|
| relojero (m) | **pulksteņmeistars** (v) | [pulksteņmɛistars] |
| reparar (vt) | **remontēt** | [remɔnte:t] |

# T&P BOOKS

# LA EXPERIENCIA DIARIA

T&P Books Publishing

| dinero (m) | nauda (s) | [nauda] |
|---|---|---|
| cambio (m) | maiņa (s) | [maiɲa] |
| curso (m) | kurss (v) | [kurs] |
| cajero (m) automático | bankomāts (v) | [bankɔma:ts] |
| moneda (f) | monēta (s) | [mɔnɛ:ta] |

| dólar (m) | dolārs (v) | [dɔla:rs] |
|---|---|---|
| euro (m) | eiro (v) | [ɛirɔ] |

| lira (f) | lira (s) | [lira] |
|---|---|---|
| marco (m) alemán | marka (s) | [marka] |
| franco (m) | franks (v) | [franks] |
| libra esterlina (f) | sterliņu mārciņa (s) | [sterliɲu ma:rtsiɲa] |
| yen (m) | jena (s) | [jena] |

| deuda (f) | parāds (v) | [para:ds] |
|---|---|---|
| deudor (m) | parādnieks (v) | [para:dniɛks] |
| prestar (vt) | aizdot | [aizdɔt] |
| tomar prestado | aizņemties | [aizɲemtiɛs] |

| banco (m) | banka (s) | [banka] |
|---|---|---|
| cuenta (f) | konts (v) | [kɔnts] |
| ingresar (~ en la cuenta) | noguldīt | [nɔguldi:t] |
| ingresar en la cuenta | noguldīt kontā | [nɔguldi:t kɔnta:] |
| sacar de la cuenta | izņemt no konta | [izɲemt nɔ kɔnta] |

| tarjeta (f) de crédito | kredītkarte (s) | [kredi:tkarte] |
|---|---|---|
| dinero (m) en efectivo | skaidra nauda (v) | [skaidra nauda] |
| cheque (m) | čeks (v) | [tʃeks] |
| sacar un cheque | izrakstīt čeku | [izraksti:t tʃɛku] |
| talonario (m) | čeku grāmatiņa (s) | [tʃɛku gra:matiɲa] |

| cartera (f) | maks (v) | [maks] |
|---|---|---|
| monedero (m) | maks (v) | [maks] |
| caja (f) fuerte | seifs (v) | [sɛifs] |

| heredero (m) | mantinieks (v) | [mantiniɛks] |
|---|---|---|
| herencia (f) | mantojums (v) | [mantɔjums] |
| fortuna (f) | mantība (s) | [manti:ba] |

| arriendo (m) | rentēšana (s) | [rente:ʃana] |
|---|---|---|
| alquiler (m) (dinero) | īres maksa (s) | [i:res maksa] |
| alquilar (~ una casa) | īrēt | [i:re:t] |
| precio (m) | cena (s) | [tsɛna] |

| | | |
|---|---|---|
| coste (m) | **vērtība** (s) | [ve:rti:ba] |
| suma (f) | **summa** (s) | [summa] |
| | | |
| gastar (vt) | **tērēt** | [tɛ:re:t] |
| gastos (m pl) | **izdevumi** (v dsk) | [izdɛvumi] |
| economizar (vi, vt) | **taupīt** | [taupi:t] |
| económico (adj) | **taupīgs** | [taupi:gs] |
| | | |
| pagar (vi, vt) | **maksāt** | [maksa:t] |
| pago (m) | **samaksa** (s) | [samaksa] |
| cambio (m) (devolver el ~) | **atlikums** (v) | [atlikums] |
| | | |
| impuesto (m) | **nodoklis** (v) | [nɔdɔklis] |
| multa (f) | **sods** (v) | [sɔds] |
| multar (vt) | **uzlikt naudas sodu** | [uzlikt naudas sɔdu] |

## 42. La oficina de correos

| | | |
|---|---|---|
| oficina (f) de correos | **pasts** (v) | [pasts] |
| correo (m) (cartas, etc.) | **pasts** (v) | [pasts] |
| cartero (m) | **pastnieks** (v) | [pastniɛks] |
| horario (m) de apertura | **darba laiks** (v) | [darba laiks] |
| | | |
| carta (f) | **vēstule** (s) | [ve:stule] |
| carta (f) certificada | **ierakstīta vēstule** (s) | [iɛraksti:ta ve:stule] |
| tarjeta (f) postal | **pastkarte** (s) | [pastkarte] |
| telegrama (m) | **telegramma** (s) | [tɛlegramma] |
| paquete (m) postal | **sūtījums** (v) | [su:ti:jums] |
| giro (m) postal | **naudas pārvedums** (v) | [naudas pa:rvɛdums] |
| | | |
| recibir (vt) | **saņemt** | [saɲemt] |
| enviar (vt) | **nosūtīt** | [nɔsu:ti:t] |
| envío (m) | **aizsūtīšana** (s) | [aizsu:ti:ʃana] |
| dirección (f) | **adrese** (s) | [adrɛse] |
| código (m) postal | **indekss** (v) | [indeks] |
| expedidor (m) | **sūtītājs** (v) | [su:ti:ta:js] |
| destinatario (m) | **saņēmējs** (v) | [saɲɛ:me:js] |
| | | |
| nombre (m) | **vārds** (v) | [va:rds] |
| apellido (m) | **uzvārds** (v) | [uzva:rds] |
| | | |
| tarifa (f) | **tarifs** (v) | [tarifs] |
| ordinario (adj) | **parasts** | [parasts] |
| económico (adj) | **ekonomisks** | [ekɔnɔmisks] |
| | | |
| peso (m) | **svars** (v) | [svars] |
| pesar (~ una carta) | **svērt** | [sve:rt] |
| sobre (m) | **aploksne** (s) | [aplɔksne] |
| sello (m) | **marka** (s) | [marka] |
| poner un sello | **uzlīmēt marku** | [uzli:me:t marku] |

## 43. La banca

| | | |
|---|---|---|
| banco (m) | **banka** (s) | [banka] |
| sucursal (f) | **nodaļa** (s) | [nɔdalʲa] |
| | | |
| consultor (m) | **konsultants** (v) | [kɔnsultants] |
| gerente (m) | **pārvaldnieks** (v) | [paːrvaldniɛks] |
| | | |
| cuenta (f) | **konts** (v) | [kɔnts] |
| numero (m) de la cuenta | **konta numurs** (v) | [kɔnta numurs] |
| cuenta (f) corriente | **tekošais konts** (v) | [tekɔʃais kɔnts] |
| cuenta (f) de ahorros | **iekrājumu konts** (v) | [iɛkraːjumu kɔnts] |
| | | |
| abrir una cuenta | **atvērt kontu** | [atveːrt kɔntu] |
| cerrar la cuenta | **aizvērt kontu** | [aizveːrt kɔntu] |
| ingresar en la cuenta | **nolikt kontā** | [nɔlikt kɔntaː] |
| sacar de la cuenta | **izņemt no konta** | [izɲemt nɔ kɔnta] |
| | | |
| depósito (m) | **ieguldījums** (v) | [iɛguldiːjums] |
| hacer un depósito | **veikt ieguldījumu** | [vɛikt iɛguldiːjumu] |
| giro (m) bancario | **pārskaitījums** (v) | [paːrskaitiːjums] |
| hacer un giro | **pārskaitīt** | [paːrskaitiːt] |
| | | |
| suma (f) | **summa** (s) | [summa] |
| ¿Cuánto? | **Cik?** | [tsik?] |
| | | |
| firma (f) (nombre) | **paraksts** (v) | [paraksts] |
| firmar (vt) | **parakstīt** | [parakstiːt] |
| | | |
| tarjeta (f) de crédito | **kredītkarte** (s) | [krediːtkarte] |
| código (m) | **kods** (v) | [kɔds] |
| número (m) de tarjeta de crédito | **kredītkartes numurs** (v) | [krediːtkartes numurs] |
| cajero (m) automático | **bankomāts** (v) | [bankɔmaːts] |
| | | |
| cheque (m) | **čeks** (v) | [tʃeks] |
| sacar un cheque | **izrakstīt čeku** | [izraksti:t tʃɛku] |
| talonario (m) | **čeku grāmatiņa** (s) | [tʃɛku gra:matiɲa] |
| | | |
| crédito (m) | **kredīts** (v) | [krediːts] |
| pedir el crédito | **griezties pēc kredīta** | [griɛzties peːts krediːta] |
| obtener un crédito | **ņemt kredītu** | [ɲemt krediːtu] |
| conceder un crédito | **dot kredītu** | [dɔt krediːtu] |
| garantía (f) | **garantija** (s) | [garantija] |

## 44. El teléfono. Las conversaciones telefónicas

| | | |
|---|---|---|
| teléfono (m) | **tālrunis** (v) | [taːlrunis] |
| teléfono (m) móvil | **mobilais tālrunis** (v) | [mɔbilais taːlrunis] |

| | | |
|---|---|---|
| contestador (m) | autoatbildētājs (v) | [autɔatbildɛ:ta:js] |
| llamar, telefonear | zvanīt | [zvani:t] |
| llamada (f) | zvans (v) | [zvans] |

| | | |
|---|---|---|
| marcar un número | uzgriezt telefona numuru | [uzgriɛzt tɛlefɔna numuru] |
| ¿Sí?, ¿Dígame? | Hallo! | [xallɔ!] |
| preguntar (vt) | pajautāt | [pajauta:t] |
| responder (vi, vt) | atbildēt | [atbilde:t] |

| | | |
|---|---|---|
| oír (vt) | dzirdēt | [dzirde:t] |
| bien (adv) | labi | [labi] |
| mal (adv) | slikti | [slikti] |
| ruidos (m pl) | traucējumi (v dsk) | [trautse:jumi] |

| | | |
|---|---|---|
| auricular (m) | klausule (s) | [klausule] |
| descolgar (el teléfono) | noņemt klausuli | [nɔɲemt klausuli] |
| colgar el auricular | nolikt klausuli | [nɔlikt klausuli] |

| | | |
|---|---|---|
| ocupado (adj) | aizņemts | [aizɲemts] |
| sonar (teléfono) | zvanīt | [zvani:t] |
| guía (f) de teléfonos | telefona grāmata (s) | [tɛlefɔna gra:mata] |

| | | |
|---|---|---|
| local (adj) | vietējais | [viɛte:jais] |
| llamada (f) local | vietējais zvans (v) | [viɛte:jais zvans] |
| de larga distancia | starppilsētu | [starppilsɛ:tu] |
| llamada (f) de larga distancia | starppilsētu zvans (v) | [starppilsɛ:tu zvans] |
| internacional (adj) | starptautiskais | [starptautiskais] |
| llamada (f) internacional | starptautiskais zvans (v) | [starptautiskais zvans] |

## 45. El teléfono celular

| | | |
|---|---|---|
| teléfono (m) móvil | mobilais tālrunis (v) | [mɔbilais ta:lrunis] |
| pantalla (f) | displejs (v) | [displejs] |
| botón (m) | poga (s) | [pɔga] |
| tarjeta SIM (f) | SIM-karte (s) | [sim-karte] |

| | | |
|---|---|---|
| pila (f) | baterija (s) | [baterija] |
| descargarse (vr) | izlādēties | [izla:de:tiɛs] |
| cargador (m) | uzlādes ierīce (s) | [uzla:des iɛri:tse] |

| | | |
|---|---|---|
| menú (m) | izvēlne (s) | [izve:lne] |
| preferencias (f pl) | uzstādījumi (v dsk) | [uzsta:di:jumi] |
| melodía (f) | melodija (s) | [melɔdija] |
| seleccionar (vt) | izvēlēties | [izvɛ:le:tiɛs] |

| | | |
|---|---|---|
| calculadora (f) | kalkulators (v) | [kalkulatɔrs] |
| contestador (m) | autoatbildētājs (v) | [autɔatbildɛ:ta:js] |
| despertador (m) | modinātājs (v) | [mɔdina:ta:js] |

| contactos (m pl) | telefona grāmata (s) | [tɛlefɔna gra:mata] |
| mensaje (m) de texto | SMS-ziņa (s) | [sms-ziɲa] |
| abonado (m) | abonents (v) | [abɔnents] |

## 46. Los artículos de escritorio. La papelería

| bolígrafo (m) | lodīšu pildspalva (s) | [lɔdi:ʃu pildspalva] |
| pluma (f) estilográfica | spalvaskāts (v) | [spalvaska:ts] |

| lápiz (m) | zīmulis (v) | [zi:mulis] |
| marcador (m) | marķieris (v) | [martʲiɛris] |
| rotulador (m) | flomasteris (v) | [flɔmasteris] |

| bloc (m) de notas | bloknots (v) | [blɔknɔts] |
| agenda (f) | dienasgrāmata (s) | [diɛnasgra:mata] |

| regla (f) | lineāls (v) | [linea:ls] |
| calculadora (f) | kalkulators (v) | [kalkulatɔrs] |
| goma (f) de borrar | dzēšgumija (s) | [dze:ʃgumija] |
| chincheta (f) | piespraude (s) | [piɛspraude] |
| clip (m) | saspraude (s) | [saspraude] |

| cola (f), pegamento (m) | līme (s) | [li:me] |
| grapadora (f) | skavotājs (v) | [skavɔta:js] |
| perforador (m) | caurumotājs (v) | [tsaurumɔta:js] |
| sacapuntas (m) | zīmuļu asināmais (v) | [zi:mulʲu asina:mais] |

## 47. Los idiomas extranjeros

| lengua (f) | valoda (s) | [valɔda] |
| extranjero (adj) | svešs | [sveʃs] |
| lengua (f) extranjera | svešvaloda (s) | [sveʃvalɔda] |
| estudiar (vt) | pētīt | [pe:ti:t] |
| aprender (ingles, etc.) | mācīties | [ma:tsi:tiɛs] |

| leer (vi, vt) | lasīt | [lasi:t] |
| hablar (vi, vt) | runāt | [runa:t] |
| comprender (vt) | saprast | [saprast] |
| escribir (vt) | rakstīt | [raksti:t] |

| rápidamente (adv) | ātri | [a:tri] |
| lentamente (adv) | lēni | [le:ni] |
| con fluidez (adv) | brīvi | [bri:vi] |

| reglas (f pl) | noteikumi (v dsk) | [nɔtɛikumi] |
| gramática (f) | gramatika (s) | [gramatika] |
| vocabulario (m) | leksika (s) | [leksika] |
| fonética (f) | fonētika (s) | [fɔne:tika] |

| | | |
|---|---|---|
| manual (m) | **mācību grāmata** (s) | [ma:tsi:bu gra:mata] |
| diccionario (m) | **vārdnīca** (s) | [va:rdni:tsa] |
| manual (m) autodidáctico | **pašmācības grāmata** (s) | [paʃma:tsi:bas gra:mata] |
| guía (f) de conversación | **sarunvārdnīca** (s) | [sarunva:rdni:tsa] |

| | | |
|---|---|---|
| casete (m) | **kasete** (s) | [kasɛte] |
| videocasete (f) | **videokasete** (s) | [videɔkasɛte] |
| disco compacto, CD (m) | **kompaktdisks** (v) | [kɔmpaktdisks] |
| DVD (m) | **DVD** (v) | [dvd] |

| | | |
|---|---|---|
| alfabeto (m) | **alfabēts** (v) | [alfabe:ts] |
| deletrear (vt) | **izrunāt pa burtiem** | [izruna:t pa burtiɛm] |
| pronunciación (f) | **izruna** (s) | [izruna] |

| | | |
|---|---|---|
| acento (m) | **akcents** (v) | [aktsents] |
| con acento | **ar akcentu** | [ar aktsentu] |
| sin acento | **bez akcenta** | [bez aktsenta] |

| | | |
|---|---|---|
| palabra (f) | **vārds** (v) | [va:rds] |
| significado (m) | **nozīme** (s) | [nɔzi:me] |

| | | |
|---|---|---|
| cursos (m pl) | **kursi** (v dsk) | [kursi] |
| inscribirse (vr) | **pierakstīties** | [piɛraksti:tiɛs] |
| profesor (m) (~ de inglés) | **pasniedzējs** (v) | [pasniɛdze:js] |

| | | |
|---|---|---|
| traducción (f) (proceso) | **tulkošana** (s) | [tulkɔʃana] |
| traducción (f) (texto) | **tulkojums** (v) | [tulkɔjums] |
| traductor (m) | **tulks** (v) | [tulks] |
| intérprete (m) | **tulks** (v) | [tulks] |

| | | |
|---|---|---|
| políglota (m) | **poliglots** (v) | [pɔliglɔts] |
| memoria (f) | **atmiņa** (s) | [atmiɲa] |

T&P BOOKS

# LAS COMIDAS. EL RESTAURANTE

T&P Books Publishing

## 48. Los cubiertos

| cuchara (f) | karote (s) | [karɔte] |
| cuchillo (m) | nazis (v) | [nazis] |
| tenedor (m) | dakša (s) | [dakʃa] |

| taza (f) | tase (s) | [tase] |
| plato (m) | šķīvis (v) | [ʃᵗʲiːvis] |
| platillo (m) | apakštase (s) | [apakʃtase] |
| servilleta (f) | salvete (s) | [salvɛte] |
| mondadientes (m) | zobu bakstāmais (v) | [zɔbu bakstaːmais] |

## 49. El restaurante

| restaurante (m) | restorāns (v) | [restɔraːns] |
| cafetería (f) | kafejnīca (s) | [kafejniːtsa] |
| bar (m) | bārs (v) | [baːrs] |
| salón (m) de té | tēju nams (v) | [teːju nams] |

| camarero (m) | oficiants (v) | [ɔfitsiants] |
| camarera (f) | oficiante (s) | [ɔfitsiante] |
| barman (m) | bārmenis (v) | [baːrmenis] |
| carta (f), menú (m) | ēdienkarte (s) | [eːdiɛnkarte] |
| carta (f) de vinos | vīnu karte (s) | [viːnu karte] |
| reservar una mesa | rezervēt galdiņu | [rɛzerveːt galdiɲu] |

| plato (m) | ēdiens (v) | [eːdiɛns] |
| pedir (vt) | pasūtīt | [pasuːtiːt] |
| hacer un pedido | pasūtīt | [pasuːtiːt] |
| aperitivo (m) | aperitīvs (v) | [aperitiːvs] |
| entremés (m) | uzkožamais (v) | [uzkɔʒamais] |
| postre (m) | deserts (v) | [dɛserts] |

| cuenta (f) | rēķins (v) | [reːtʲins] |
| pagar la cuenta | samaksāt rēķinu | [samaksaːt reːtʲinu] |
| dar la vuelta | iedot atlikumu | [iɛdɔt atlikumu] |
| propina (f) | dzeramnauda (s) | [dzɛramnauda] |

## 50. Las comidas

| comida (f) | ēdiens (v) | [eːdiɛns] |
| comer (vi, vt) | ēst | [ɛːst] |

| | | |
|---|---|---|
| desayuno (m) | **brokastis** (s dsk) | [brɔkastis] |
| desayunar (vi) | **brokastot** | [brɔkastɔt] |
| almuerzo (m) | **pusdienas** (s dsk) | [pusdiɛnas] |
| almorzar (vi) | **pusdienot** | [pusdiɛnɔt] |
| cena (f) | **vakariņas** (s dsk) | [vakariņas] |
| cenar (vi) | **vakariņot** | [vakariɲɔt] |

| | | |
|---|---|---|
| apetito (m) | **apetīte** (s) | [apeti:te] |
| ¡Que aproveche! | **Labu apetīti!** | [labu apeti:ti!] |

| | | |
|---|---|---|
| abrir (vt) | **atvērt** | [atve:rt] |
| derramar (líquido) | **izliet** | [izliɛt] |
| derramarse (líquido) | **izlieties** | [izliɛtiɛs] |

| | | |
|---|---|---|
| hervir (vi) | **vārīties** | [va:ri:tiɛs] |
| hervir (vt) | **vārīt** | [va:ri:t] |
| hervido (agua ~a) | **vārīts** | [va:ri:ts] |
| enfriar (vt) | **atdzesēt** | [atdzɛse:t] |
| enfriarse (vr) | **atdzesēties** | [atdzɛse:tiɛs] |

| | | |
|---|---|---|
| sabor (m) | **garša** (s) | [garʃa] |
| regusto (m) | **piegarša** (s) | [piɛgarʃa] |

| | | |
|---|---|---|
| adelgazar (vi) | **tievēt** | [tiɛve:t] |
| dieta (f) | **diēta** (s) | [diɛ:ta] |
| vitamina (f) | **vitamīns** (v) | [vitami:ns] |
| caloría (f) | **kalorija** (s) | [kalɔrija] |
| vegetariano (m) | **veģetārietis** (v) | [vɛdʲɛta:riɛtis] |
| vegetariano (adj) | **veģetāriešu** | [vɛdʲɛta:riɛʃu] |

| | | |
|---|---|---|
| grasas (f pl) | **tauki** (v dsk) | [tauki] |
| proteínas (f pl) | **olbaltumvielas** (s dsk) | [ɔlbaltumviɛlas] |
| carbohidratos (m pl) | **ogļhidrāti** (v dsk) | [ɔglʲxidra:ti] |
| loncha (f) | **šķēlīte** (s) | [ʃtʲe:li:te] |
| pedazo (m) | **gabals** (v) | [gabals] |
| miga (f) | **gabaliņš** (v) | [gabaliɲʃ] |

## 51. Los platos

| | | |
|---|---|---|
| plato (m) | **ēdiens** (v) | [e:diɛns] |
| cocina (f) | **virtuve** (s) | [virtuve] |
| receta (f) | **recepte** (s) | [retsepte] |
| porción (f) | **porcija** (s) | [pɔrtsija] |

| | | |
|---|---|---|
| ensalada (f) | **salāti** (v dsk) | [sala:ti] |
| sopa (f) | **zupa** (s) | [zupa] |

| | | |
|---|---|---|
| caldo (m) | **buljons** (v) | [buljɔns] |
| bocadillo (m) | **sviestmaize** (s) | [sviɛstmaize] |
| huevos (m pl) fritos | **ceptas olas** (s dsk) | [tseptas ɔlas] |

| | | |
|---|---|---|
| hamburguesa (f) | **hamburgers** (v) | [xamburgɛrs] |
| bistec (m) | **bifšteks** (v) | [bifʃteks] |
| | | |
| guarnición (f) | **piedeva** (s) | [piɛdɛva] |
| espagueti (m) | **spageti** (v dsk) | [spageti] |
| puré (m) de patatas | **kartupeļu biezenis** (v) | [kartupɛlʲu biɛzenis] |
| pizza (f) | **pica** (s) | [pitsa] |
| gachas (f pl) | **biezputra** (s) | [biɛzputra] |
| tortilla (f) francesa | **omlete** (s) | [ɔmlɛte] |
| | | |
| cocido en agua (adj) | **vārīts** | [vaːriːts] |
| ahumado (adj) | **kūpināts** | [kuːpinaːts] |
| frito (adj) | **cepts** | [tsepts] |
| seco (adj) | **žāvēts** | [ʒaːveːts] |
| congelado (adj) | **sasaldēts** | [sasaldeːts] |
| marinado (adj) | **marinēts** | [marineːts] |
| | | |
| azucarado, dulce (adj) | **salds** | [salds] |
| salado (adj) | **sāļš** | [saːlʲʃ] |
| frío (adj) | **auksts** | [auksts] |
| caliente (adj) | **karsts** | [karsts] |
| amargo (adj) | **rūgts** | [ruːgts] |
| sabroso (adj) | **garšīgs** | [garʃiːgs] |
| | | |
| cocer en agua | **vārīt** | [vaːriːt] |
| preparar (la cena) | **gatavot** | [gatavɔt] |
| freír (vt) | **cept** | [tsept] |
| calentar (vt) | **uzsildīt** | [uzsildiːt] |
| | | |
| salar (vt) | **piebērt sāli** | [piɛbeːrt saːli] |
| poner pimienta | **piparot** | [piparɔt] |
| rallar (vt) | **rīvēt** | [riːveːt] |
| piel (f) | **miza** (s) | [miza] |
| pelar (vt) | **mizot** | [mizɔt] |

## 52. La comida

| | | |
|---|---|---|
| carne (f) | **gaļa** (s) | [galʲa] |
| gallina (f) | **vista** (s) | [vista] |
| pollo (m) | **cālis** (v) | [tsaːlis] |
| pato (m) | **pīle** (s) | [piːle] |
| ganso (m) | **zoss** (s) | [zɔs] |
| caza (f) menor | **medījums** (v) | [mediːjums] |
| pava (f) | **tītars** (v) | [tiːtars] |
| | | |
| carne (f) de cerdo | **cūkgaļa** (s) | [tsuːkgalʲa] |
| carne (f) de ternera | **teļa gaļa** (s) | [tɛlʲa galʲa] |
| carne (f) de carnero | **jēra gaļa** (s) | [jeːra galʲa] |
| carne (f) de vaca | **liellopu gaļa** (s) | [liɛllopu galʲa] |
| conejo (m) | **trusis** (v) | [trusis] |

| | | |
|---|---|---|
| salchichón (m) | desa (s) | [dɛsa] |
| salchicha (f) | cīsiņš (v) | [tsi:siŋʃ] |
| beicon (m) | bekons (v) | [bekɔns] |
| jamón (m) | šķiņķis (v) | [ʃtʲiɲtʲis] |
| jamón (m) fresco | šķiņķis (v) | [ʃtʲiɲtʲis] |

| | | |
|---|---|---|
| paté (m) | pastēte (s) | [pastɛ:te] |
| hígado (m) | aknas (s dsk) | [aknas] |
| carne (f) picada | malta gaļa (s) | [malta galʲa] |
| lengua (f) | mēle (s) | [mɛ:le] |

| | | |
|---|---|---|
| huevo (m) | ola (s) | [ɔla] |
| huevos (m pl) | olas (s dsk) | [ɔlas] |
| clara (f) | baltums (v) | [baltums] |
| yema (f) | dzeltenums (v) | [dzeltenums] |

| | | |
|---|---|---|
| pescado (m) | zivs (s) | [zivs] |
| mariscos (m pl) | jūras produkti (v dsk) | [ju:ras prɔdukti] |
| crustáceos (m pl) | vēžveidīgie (v dsk) | [ve:ʒvɛidi:giɛ] |
| caviar (m) | ikri (v dsk) | [ikri] |

| | | |
|---|---|---|
| cangrejo (m) de mar | krabis (v) | [krabis] |
| camarón (m) | garnele (s) | [garnɛle] |
| ostra (f) | austere (s) | [austɛre] |
| langosta (f) | langusts (v) | [laŋgusts] |
| pulpo (m) | astoņkājis (v) | [astɔŋka:jis] |
| calamar (m) | kalmārs (v) | [kalma:rs] |

| | | |
|---|---|---|
| esturión (m) | store (s) | [stɔre] |
| salmón (m) | lasis (v) | [lasis] |
| fletán (m) | āte (s) | [a:te] |

| | | |
|---|---|---|
| bacalao (m) | menca (s) | [mentsa] |
| caballa (f) | skumbrija (s) | [skumbrija] |
| atún (m) | tuncis (v) | [tuntsis] |
| anguila (f) | zutis (v) | [zutis] |

| | | |
|---|---|---|
| trucha (f) | forele (s) | [fɔrɛle] |
| sardina (f) | sardīne (s) | [sardi:ne] |
| lucio (m) | līdaka (s) | [li:daka] |
| arenque (m) | siļķe (s) | [silʲtʲe] |

| | | |
|---|---|---|
| pan (m) | maize (s) | [maize] |
| queso (m) | siers (v) | [siɛrs] |
| azúcar (m) | cukurs (v) | [tsukurs] |
| sal (f) | sāls (v) | [sa:ls] |

| | | |
|---|---|---|
| arroz (m) | rīsi (v dsk) | [ri:si] |
| macarrones (m pl) | makaroni (v dsk) | [makarɔni] |
| tallarines (m pl) | nūdeles (s dsk) | [nu:dɛles] |
| mantequilla (f) | sviests (v) | [sviɛsts] |
| aceite (m) vegetal | augu eļļa (s) | [augu ellʲa] |

| aceite (m) de girasol | saulespuķu eļļa (s) | [saulesputʲu elʲʲa] |
| margarina (f) | margarīns (v) | [margariːns] |

| olivas, aceitunas (f pl) | olīvas (s dsk) | [ɔliːvas] |
| aceite (m) de oliva | olīveļļa (s) | [ɔliːvelʲʲa] |

| leche (f) | piens (v) | [piɛns] |
| leche (f) condensada | kondensētais piens (v) | [kɔndensɛːtais piɛns] |
| yogur (m) | jogurts (v) | [jɔgurts] |
| nata (f) agria | krējums (v) | [kreːjums] |
| nata (f) líquida | salds krējums (v) | [salds kreːjums] |

| mayonesa (f) | majonēze (s) | [majɔnɛːze] |
| crema (f) de mantequilla | krēms (v) | [kreːms] |

| cereales (m pl) integrales | putraimi (v dsk) | [putraimi] |
| harina (f) | milti (v dsk) | [milti] |
| conservas (f pl) | konservi (v dsk) | [kɔnservi] |

| copos (m pl) de maíz | kukurūzas pārslas (s dsk) | [kukuruːzas paːrslas] |
| miel (f) | medus (v) | [mɛdus] |
| confitura (f) | džems, ievārījums (v) | [dʒems], [iɛvaːriːjums] |
| chicle (m) | košļājamā gumija (s) | [kɔʃlʲaːjama: gumija] |

## 53. Las bebidas

| agua (f) | ūdens (v) | [uːdens] |
| agua (f) potable | dzeramais ūdens (v) | [dzɛramais uːdens] |
| agua (f) mineral | minerālūdens (v) | [minɛraːluːdens] |

| sin gas | negāzēts | [nɛgaːzeːts] |
| gaseoso (adj) | gāzēts | [gaːzeːts] |
| con gas | dzirkstošs | [dzirkstɔʃs] |
| hielo (m) | ledus (v) | [lɛdus] |
| con hielo | ar ledu | [ar lɛdu] |

| sin alcohol | bezalkoholisks | [bɛzalkɔxɔlisks] |
| bebida (f) sin alcohol | bezalkoholiskais dzēriens (v) | [bɛzalkɔxɔliskais dze:riɛns] |
| refresco (m) | atspirdzinošs dzēriens (v) | [atspirdzinɔʃs dze:riɛns] |
| limonada (f) | limonāde (s) | [limɔna:de] |

| bebidas (f pl) alcohólicas | alkoholiskie dzērieni (v dsk) | [alkɔxɔliskiɛ dze:riɛni] |
| vino (m) | vīns (v) | [viːns] |
| vino (m) blanco | baltvīns (v) | [baltviːns] |
| vino (m) tinto | sarkanvīns (v) | [sarkanviːns] |
| licor (m) | liķieris (v) | [litʲiɛris] |
| champaña (f) | šampanietis (v) | [ʃampaniɛtis] |

| vermú (m) | vermuts (v) | [vermuts] |
| whisky (m) | viskijs (v) | [viskijs] |
| vodka (m) | degvīns (v) | [degvi:ns] |
| ginebra (f) | džins (v) | [dʒins] |
| coñac (m) | konjaks (v) | [kɔnjaks] |
| ron (m) | rums (v) | [rums] |

| café (m) | kafija (s) | [kafija] |
| café (m) solo | melnā kafija (s) | [melna: kafija] |
| café (m) con leche | kafija (s) ar pienu | [kafija ar piɛnu] |
| capuchino (m) | kapučīno (v) | [kaputʃi:nɔ] |
| café (m) soluble | šķīstošā kafija (s) | [ʃtʲi:stɔʃa: kafija] |

| leche (f) | piens (v) | [piɛns] |
| cóctel (m) | kokteilis (v) | [kɔktɛilis] |
| batido (m) | piena kokteilis (v) | [piɛna kɔktɛilis] |

| zumo (m), jugo (m) | sula (s) | [sula] |
| jugo (m) de tomate | tomātu sula (s) | [tɔma:tu sula] |
| zumo (m) de naranja | apelsīnu sula (s) | [apɛlsi:nu sula] |
| zumo (m) fresco | svaigi spiesta sula (s) | [svaigi spiɛsta sula] |

| cerveza (f) | alus (v) | [alus] |
| cerveza (f) rubia | gaišais alus (v) | [gaiʃais alus] |
| cerveza (f) negra | tumšais alus (v) | [tumʃais alus] |

| té (m) | tēja (s) | [te:ja] |
| té (m) negro | melnā tēja (s) | [melna: te:ja] |
| té (m) verde | zaļā tēja (s) | [zalʲa: te:ja] |

## 54. Las verduras

| legumbres (f pl) | dārzeņi (v dsk) | [da:rzeɲi] |
| verduras (f pl) | zaļumi (v dsk) | [zalʲumi] |

| tomate (m) | tomāts (v) | [tɔma:ts] |
| pepino (m) | gurķis (v) | [gurtʲis] |
| zanahoria (f) | burkāns (v) | [burka:ns] |
| patata (f) | kartupelis (v) | [kartupelis] |
| cebolla (f) | sīpols (v) | [si:pɔls] |
| ajo (m) | ķiploks (v) | [tʲiplɔks] |

| col (f) | kāposti (v dsk) | [ka:pɔsti] |
| coliflor (f) | puķkāposti (v dsk) | [putʲka:pɔsti] |
| col (f) de Bruselas | Briseles kāposti (v dsk) | [brisɛles ka:pɔsti] |
| brócoli (m) | brokolis (v) | [brɔkɔlis] |

| remolacha (f) | biete (s) | [biɛte] |
| berenjena (f) | baklažāns (v) | [baklaʒa:ns] |
| calabacín (m) | kabacis (v) | [kabatsis] |

| | | |
|---|---|---|
| calabaza (f) | ķirbis (v) | [tʲirbis] |
| nabo (m) | rācenis (v) | [ra:tsenis] |
| | | |
| perejil (m) | pētersīlis (v) | [pɛ:tɛrsi:lis] |
| eneldo (m) | dilles (s dsk) | [dilles] |
| lechuga (f) | dārza salāti (v dsk) | [da:rza sala:ti] |
| apio (m) | selerija (s) | [sɛlerija] |
| espárrago (m) | sparģelis (v) | [spardʲelis] |
| espinaca (f) | spināti (v dsk) | [spina:ti] |
| | | |
| guisante (m) | zirnis (v) | [zirnis] |
| habas (f pl) | pupas (s dsk) | [pupas] |
| maíz (m) | kukurūza (s) | [kukuru:za] |
| fréjol (m) | pupiņas (s dsk) | [pupiɲas] |
| | | |
| pimiento (m) dulce | graudu pipars (v) | [graudu pipars] |
| rábano (m) | redīss (v) | [redi:s] |
| alcachofa (f) | artišoks (v) | [artiʃɔks] |

## 55. Las frutas. Las nueces

| | | |
|---|---|---|
| fruto (m) | auglis (v) | [auglis] |
| manzana (f) | ābols (v) | [a:bols] |
| pera (f) | bumbieris (v) | [bumbiɛris] |
| limón (m) | citrons (v) | [tsitrɔns] |
| naranja (f) | apelsīns (v) | [apɛlsi:ns] |
| fresa (f) | zemene (s) | [zɛmɛne] |
| | | |
| mandarina (f) | mandarīns (v) | [mandari:ns] |
| ciruela (f) | plūme (s) | [plu:me] |
| melocotón (m) | persiks (v) | [pɛrsiks] |
| albaricoque (m) | aprikoze (s) | [aprikɔze] |
| frambuesa (f) | avene (s) | [avɛne] |
| piña (f) | ananāss (v) | [anana:s] |
| | | |
| banana (f) | banāns (v) | [bana:ns] |
| sandía (f) | arbūzs (v) | [arbu:zs] |
| uva (f) | vīnoga (s) | [vi:nɔga] |
| guinda (f) | skābais ķirsis (v) | [ska:bais tʲirsis] |
| cereza (f) | saldais ķirsis (v) | [saldais tʲirsis] |
| melón (m) | melone (s) | [melɔne] |
| | | |
| pomelo (m) | greipfrūts (v) | [grɛipfru:ts] |
| aguacate (m) | avokado (v) | [avɔkadɔ] |
| papaya (f) | papaija (s) | [papaija] |
| mango (m) | mango (v) | [maŋgɔ] |
| granada (f) | granātābols (v) | [grana:ta:bols] |
| | | |
| grosella (f) roja | sarkanā jāņoga (s) | [sarkana: ja:ɲoga] |
| grosella (f) negra | upene (s) | [upɛne] |

| grosella (f) espinosa | ērkšķoga (s) | [e:rkʃtʲɔga] |
| arándano (m) | mellene (s) | [mellɛne] |
| zarzamoras (f pl) | kazene (s) | [kazɛne] |

| pasas (f pl) | rozīne (s) | [rɔzi:ne] |
| higo (m) | vīģe (s) | [vi:dʲe] |
| dátil (m) | datele (s) | [datɛle] |

| cacahuete (m) | zemesrieksts (v) | [zɛmesriɛksts] |
| almendra (f) | mandeles (s dsk) | [mandɛles] |
| nuez (f) | valrieksts (v) | [valriɛksts] |
| avellana (f) | lazdu rieksts (v) | [lazdu riɛksts] |
| nuez (f) de coco | kokosrieksts (v) | [kɔkɔsriɛksts] |
| pistachos (m pl) | pistācijas (s dsk) | [pista:tsijas] |

## 56. El pan. Los dulces

| pasteles (m pl) | konditorejas izstrādājumi (v dsk) | [kɔnditɔrejas izstra:da:jumi] |
| pan (m) | maize (s) | [maize] |
| galletas (f pl) | cepumi (v dsk) | [tsɛpumi] |

| chocolate (m) | šokolāde (s) | [ʃɔkɔla:de] |
| de chocolate (adj) | šokolādes | [ʃɔkɔla:des] |
| caramelo (m) | konfekte (s) | [kɔnfekte] |
| tarta (f) (pequeña) | kūka (s) | [ku:ka] |
| tarta (f) (~ de cumpleaños) | torte (s) | [tɔrte] |

| tarta (f) (~ de manzana) | pīrāgs (v) | [pi:ra:gs] |
| relleno (m) | pildījums (v) | [pildi:jums] |

| confitura (f) | ievārījums (v) | [iɛva:ri:jums] |
| mermelada (f) | marmelāde (s) | [marmɛla:de] |
| gofre (m) | vafeles (s dsk) | [vafɛles] |
| helado (m) | saldējums (v) | [salde:jums] |
| pudin (m) | pudiņš (v) | [pudiɲʃ] |

## 57. Las especias

| sal (f) | sāls (v) | [sa:ls] |
| salado (adj) | sāļš | [sa:lʲʃ] |
| salar (vt) | piebērt sāli | [piɛbe:rt sa:li] |

| pimienta (f) negra | melnie pipari (v dsk) | [melniɛ pipari] |
| pimienta (f) roja | paprika (s) | [paprika] |
| mostaza (f) | sinepes (s dsk) | [sinɛpes] |
| rábano (m) picante | mārrutki (v dsk) | [ma:rrutki] |
| condimento (m) | piedeva (s) | [piɛdɛva] |

| | | |
|---|---|---|
| especia (f) | **garšviela** (s) | [garʃviɛla] |
| salsa (f) | **mērce** (s) | [me:rtse] |
| vinagre (m) | **etiķis** (v) | [ɛtitʲis] |
| | | |
| anís (m) | **anīss** (v) | [ani:s] |
| albahaca (f) | **baziliks** (v) | [baziliks] |
| clavo (m) | **krustnagliņas** (s dsk) | [krustnagliɲas] |
| jengibre (m) | **ingvers** (v) | [iŋgvɛrs] |
| cilantro (m) | **koriandrs** (v) | [kɔriandrs] |
| canela (f) | **kanēlis** (v) | [kane:lis] |
| | | |
| sésamo (m) | **sezams** (v) | [sɛzams] |
| hoja (f) de laurel | **lauru lapa** (s) | [lauru lapa] |
| paprika (f) | **paprika** (s) | [paprika] |
| comino (m) | **ķimenes** (s dsk) | [tʲimɛnes] |
| azafrán (m) | **safrāns** (v) | [safra:ns] |

# LA INFORMACIÓN PERSONAL. PERSONAL. LA FAMILIA

T&P Books Publishing

## 58. La información personal. Los formularios

| | | |
|---|---|---|
| nombre (m) | vārds (v) | [va:rds] |
| apellido (m) | uzvārds (v) | [uzva:rds] |
| fecha (f) de nacimiento | dzimšanas datums (v) | [dzimʃanas datums] |
| lugar (m) de nacimiento | dzimšanas vieta (s) | [dzimʃanas viɛta] |
| | | |
| nacionalidad (f) | tautība (s) | [tauti:ba] |
| domicilio (m) | dzīves vieta (s) | [dzi:ves viɛta] |
| país (m) | valsts (s) | [valsts] |
| profesión (f) | profesija (s) | [prɔfesija] |
| | | |
| sexo (m) | dzimums (v) | [dzimums] |
| estatura (f) | augums (v) | [augums] |
| peso (m) | svars (v) | [svars] |

## 59. Los familiares. Los parientes

| | | |
|---|---|---|
| madre (f) | māte (s) | [ma:te] |
| padre (m) | tēvs (v) | [te:vs] |
| hijo (m) | dēls (v) | [dɛ:ls] |
| hija (f) | meita (s) | [mɛita] |
| | | |
| hija (f) menor | jaunākā meita (s) | [jauna:ka: mɛita] |
| hijo (m) menor | jaunākais dēls (v) | [jauna:kais dɛ:ls] |
| hija (f) mayor | vecākā meita (s) | [vetsa:ka: mɛita] |
| hijo (m) mayor | vecākais dēls (v) | [vetsa:kais dɛ:ls] |
| | | |
| hermano (m) | brālis (v) | [bra:lis] |
| hermano (m) mayor | vecākais brālis (v) | [vetsa:kais bra:lis] |
| hermano (m) menor | jaunākais brālis (v) | [jauna:kais bra:lis] |
| hermana (f) | māsa (s) | [ma:sa] |
| hermana (f) mayor | vecākā māsa (s) | [vetsa:ka: ma:sa] |
| hermana (f) menor | jaunākā māsa (s) | [jauna:ka: ma:sa] |
| | | |
| primo (m) | brālēns (v) | [bra:le:ns] |
| prima (f) | māsīca (s) | [ma:si:tsa] |
| mamá (f) | māmiņa (s) | [ma:miɲa] |
| papá (m) | tētis (v) | [te:tis] |
| padres (pl) | vecāki (v dsk) | [vetsa:ki] |
| niño -a (m, f) | bērns (v) | [be:rns] |
| niños (pl) | bērni (v dsk) | [be:rni] |
| abuela (f) | vecmāmiņa (s) | [vetsma:miɲa] |
| abuelo (m) | vectēvs (v) | [vetste:vs] |

| | | |
|---|---|---|
| nieto (m) | mazdēls (v) | [mazdɛ:ls] |
| nieta (f) | mazmeita (s) | [mazmɛita] |
| nietos (pl) | mazbērni (v dsk) | [mazbe:rni] |

| | | |
|---|---|---|
| tío (m) | onkulis (v) | [ɔnkulis] |
| tía (f) | tante (s) | [tante] |
| sobrino (m) | brāļadēls, māsasdēls (v) | [bra:ļadɛ:ls], [ma:sasdɛ:ls] |
| sobrina (f) | brāļameita, māsasmeita (s) | [bra:ļamɛita], [ma:sasmɛita] |

| | | |
|---|---|---|
| suegra (f) | sievasmāte, vīramāte (s) | [siɛvasma:te], [vi:rama:te] |
| suegro (m) | sievastēvs, vīratēvs (v) | [siɛvaste:vs], [vi:rate:vs] |
| yerno (m) | znots (v) | [znɔts] |
| madrastra (f) | pamāte (s) | [pama:te] |
| padrastro (m) | patēvs (v) | [pate:vs] |

| | | |
|---|---|---|
| niño (m) de pecho | krūts bērns (v) | [kru:ts be:rns] |
| bebé (m) | zīdainis (v) | [zi:dainis] |
| chico (m) | mazulis (v) | [mazulis] |

| | | |
|---|---|---|
| mujer (f) | sieva (s) | [siɛva] |
| marido (m) | vīrs (v) | [vi:rs] |
| esposo (m) | dzīvesbiedrs (v) | [dzi:vesbiɛdrs] |
| esposa (f) | dzīvesbiedre (s) | [dzi:vesbiɛdre] |

| | | |
|---|---|---|
| casado (adj) | precējies | [pretse:jiɛs] |
| casada (adj) | precējusies | [pretse:jusiɛs] |
| soltero (adj) | neprecējies | [nepretse:jiɛs] |
| soltero (m) | vecpuisis (v) | [vetspuisis] |
| divorciado (adj) | šķīries | [ʃķi:riɛs] |
| viuda (f) | atraitne (s) | [atraitne] |
| viudo (m) | atraitnis (v) | [atraitnis] |

| | | |
|---|---|---|
| pariente (m) | radinieks (v) | [radiniɛks] |
| pariente (m) cercano | tuvs radinieks (v) | [tuvs radiniɛks] |
| pariente (m) lejano | tāls radinieks (v) | [ta:ls radiniɛks] |
| parientes (pl) | radi (v dsk) | [radi] |

| | | |
|---|---|---|
| huérfano (m) | bārenis (v) | [ba:renis] |
| huérfana (f) | bārene (s) | [ba:rɛne] |
| tutor (m) | aizbildnis (v) | [aizbildnis] |
| adoptar (un niño) | adoptēt zēnu | [adɔpte:t zɛ:nu] |
| adoptar (una niña) | adoptēt meiteni | [adɔpte:t mɛiteni] |

## 60. Los amigos. Los compañeros del trabajo

| | | |
|---|---|---|
| amigo (m) | draugs (v) | [draugs] |
| amiga (f) | draudzene (s) | [draudzɛne] |
| amistad (f) | draudzība (s) | [draudzi:ba] |

| | | |
|---|---|---|
| ser amigo | **draudzēties** | [draudze:tiɛs] |
| amigote (m) | **draugs** (v) | [draugs] |
| amiguete (f) | **draudzene** (s) | [draudzɛne] |
| compañero (m) | **partneris** (v) | [partneris] |
| | | |
| jefe (m) | **šefs** (v) | [ʃefs] |
| superior (m) | **priekšnieks** (v) | [priɛkʃniɛks] |
| propietario (m) | **īpašnieks** (v) | [i:paʃniɛks] |
| subordinado (m) | **padotais** (v) | [padɔtais] |
| colega (m, f) | **kolēģis** (v) | [kɔle:dʲis] |
| | | |
| conocido (m) | **paziņa (s, v)** | [paziɲa] |
| compañero (m) de viaje | **ceļabiedrs** (v) | [tsɛlʲabiɛdrs] |
| condiscípulo (m) | **klases biedrs** (v) | [klases biɛdrs] |
| | | |
| vecino (m) | **kaimiņš** (v) | [kaimiɲʃ] |
| vecina (f) | **kaimiņiene** (s) | [kaimiɲiɛne] |
| vecinos (pl) | **kaimiņi** (v dsk) | [kaimiɲi] |

# T&P BOOKS

# EL CUERPO. LA MEDICINA

**T&P Books Publishing**

| | | |
|---|---|---|
| cabeza (f) | **galva** (s) | [galva] |
| cara (f) | **seja** (s) | [seja] |
| nariz (f) | **deguns** (v) | [dɛguns] |
| boca (f) | **mute** (s) | [mute] |
| | | |
| ojo (m) | **acs** (s) | [ats] |
| ojos (m pl) | **acis** (s dsk) | [atsis] |
| pupila (f) | **acs zīlīte** (s) | [ats zi:li:te] |
| ceja (f) | **uzacs** (s) | [uzats] |
| pestaña (f) | **skropsta** (s) | [skrɔpsta] |
| párpado (m) | **plakstiņš** (v) | [plakstiɲʃ] |
| | | |
| lengua (f) | **mēle** (s) | [mɛ:le] |
| diente (m) | **zobs** (v) | [zɔbs] |
| labios (m pl) | **lūpas** (s dsk) | [lu:pas] |
| pómulos (m pl) | **vaigu kauli** (v dsk) | [vaigu kauli] |
| encía (f) | **smaganas** (s dsk) | [smaganas] |
| paladar (m) | **aukslējas** (s dsk) | [auksle:jas] |
| | | |
| ventanas (f pl) | **nāsis** (s dsk) | [na:sis] |
| mentón (m) | **zods** (v) | [zɔds] |
| mandíbula (f) | **žoklis** (v) | [ʒɔklis] |
| mejilla (f) | **vaigs** (v) | [vaigs] |
| | | |
| frente (f) | **piere** (s) | [piɛre] |
| sien (f) | **deniņi** (v dsk) | [deniɲi] |
| oreja (f) | **auss** (s) | [aus] |
| nuca (f) | **pakausis** (v) | [pakausis] |
| cuello (m) | **kakls** (v) | [kakls] |
| garganta (f) | **rīkle** (s) | [ri:kle] |
| | | |
| pelo, cabello (m) | **mati** (v dsk) | [mati] |
| peinado (m) | **frizūra** (s) | [frizu:ra] |
| corte (m) de pelo | **matu griezums** (v) | [matu griɛzums] |
| peluca (f) | **parūka** (s) | [paru:ka] |
| | | |
| bigote (m) | **ūsas** (s dsk) | [u:sas] |
| barba (f) | **bārda** (s) | [ba:rda] |
| tener (~ la barba) | **ir** | [ir] |
| trenza (f) | **bize** (s) | [bize] |
| patillas (f pl) | **vaigubārda** (s) | [vaiguba:rda] |
| | | |
| pelirrojo (adj) | **ruds** | [ruds] |
| gris, canoso (adj) | **sirms** | [sirms] |

| | | |
|---|---|---|
| calvo (adj) | **plikgalvains** | [plikgalvains] |
| calva (f) | **plika galva** (s) | [plika galva] |

| | | |
|---|---|---|
| cola (f) de caballo | **zirgaste** (s) | [zirgaste] |
| flequillo (m) | **mati uz pieres** (v) | [mati uz piɛres] |

## 62. El cuerpo

| | | |
|---|---|---|
| mano (f) | **delna** (s) | [delna] |
| brazo (m) | **roka** (s) | [rɔka] |

| | | |
|---|---|---|
| dedo (m) | **pirksts** (v) | [pirksts] |
| dedo (m) del pie | **kājas īkšķis** (v) | [ka:jas i:kʃtʲis] |
| dedo (m) pulgar | **īkšķis** (v) | [i:kʃtʲis] |
| dedo (m) meñique | **mazais pirkstiņš** (v) | [mazais pirkstiɳʃ] |
| uña (f) | **nags** (v) | [nags] |

| | | |
|---|---|---|
| puño (m) | **dūre** (s) | [du:re] |
| palma (f) | **plauksta** (s) | [plauksta] |
| muñeca (f) | **plaukstas locītava** (s) | [plaukstas lɔtsi:tava] |
| antebrazo (m) | **apakšdelms** (v) | [apakʃdelms] |
| codo (m) | **elkonis** (v) | [elkɔnis] |
| hombro (m) | **augšdelms** (v) | [augʃdelms] |

| | | |
|---|---|---|
| pierna (f) | **kāja** (s) | [ka:ja] |
| planta (f) | **pēda** (s) | [pɛ:da] |
| rodilla (f) | **celis** (v) | [tselis] |
| pantorrilla (f) | **apakšstilbs** (v) | [apakʃstilbs] |

| | | |
|---|---|---|
| cadera (f) | **gurns** (v) | [gurns] |
| talón (m) | **papēdis** (v) | [pape:dis] |

| | | |
|---|---|---|
| cuerpo (m) | **ķermenis** (v) | [tʲermenis] |
| vientre (m) | **vēders** (v) | [vɛ:dɛrs] |
| pecho (m) | **krūškurvis** (v) | [kru:ʃkurvis] |
| seno (m) | **krūts** (s) | [kru:ts] |
| lado (m), costado (m) | **sāns** (v) | [sa:ns] |
| espalda (f) | **mugura** (s) | [mugura] |

| | | |
|---|---|---|
| zona (f) lumbar | **krusti** (v dsk) | [krusti] |
| cintura (f), talle (m) | **viduklis** (v) | [viduklis] |

| | | |
|---|---|---|
| ombligo (m) | **naba** (s) | [naba] |
| nalgas (f pl) | **gūžas** (s dsk) | [gu:ʒas] |
| trasero (m) | **dibens** (v) | [dibens] |

| | | |
|---|---|---|
| lunar (m) | **dzimumzīme** (s) | [dzimumzi:me] |
| marca (f) de nacimiento | **dzimumzīme** (s) | [dzimumzi:me] |
| tatuaje (m) | **tetovējums** (v) | [tetɔve:jums] |
| cicatriz (f) | **rēta** (s) | [rɛ:ta] |

## 63. Las enfermedades

| | | |
|---|---|---|
| enfermedad (f) | slimība (s) | [slimi:ba] |
| estar enfermo | slimot | [slimɔt] |
| salud (f) | veselība (s) | [vɛseli:ba] |
| | | |
| resfriado (m) (coriza) | iesnas (s dsk) | [iɛsnas] |
| angina (f) | angīna (s) | [aŋgi:na] |
| resfriado (m) | saaukstēšanās (s) | [saaukste:ʃana:s] |
| resfriarse (vr) | saaukstēties | [saaukste:tiɛs] |
| | | |
| bronquitis (f) | bronhīts (v) | [brɔnxi:ts] |
| pulmonía (f) | plaušu karsonis (v) | [plauʃu karsɔnis] |
| gripe (f) | gripa (s) | [gripa] |
| | | |
| miope (adj) | tuvredzīgs | [tuvredzi:gs] |
| présbita (adj) | tālredzīgs | [ta:lredzi:gs] |
| estrabismo (m) | šķielēšana (s) | [ʃtʲiɛle:ʃana] |
| estrábico (m) (adj) | šķielējošs | [ʃtʲiɛle:jɔʃs] |
| catarata (f) | katarakta (s) | [katarakta] |
| glaucoma (m) | glaukoma (s) | [glaukɔma] |
| | | |
| insulto (m) | insults (v) | [insults] |
| ataque (m) cardiaco | infarkts (v) | [infarkts] |
| infarto (m) de miocardio | miokarda infarkts (v) | [miɔkarda infarkts] |
| parálisis (f) | paralīze (s) | [parali:ze] |
| paralizar (vt) | paralizēt | [paralize:t] |
| | | |
| alergia (f) | alerģija (s) | [alerdʲija] |
| asma (f) | astma (s) | [astma] |
| diabetes (f) | diabēts (v) | [diabe:ts] |
| | | |
| dolor (m) de muelas | zobu sāpes (s dsk) | [zɔbu sa:pes] |
| caries (f) | kariess (v) | [kariɛs] |
| | | |
| diarrea (f) | caureja (s) | [tsaureja] |
| estreñimiento (m) | aizcietējums (v) | [aiztsiɛte:jums] |
| molestia (f) estomacal | gremošanas traucējumi (v dsk) | [gremɔʃanas trautse:jumi] |
| envenenamiento (m) | saindēšanās (s) | [sainde:ʃana:s] |
| envenenarse (vr) | saindēties | [sainde:tiɛs] |
| | | |
| artritis (f) | artrīts (v) | [artri:ts] |
| raquitismo (m) | rahīts (v) | [raxi:ts] |
| reumatismo (m) | reimatisms (v) | [rɛimatisms] |
| ateroesclerosis (f) | ateroskleroze (s) | [aterɔsklerɔze] |
| | | |
| gastritis (f) | gastrīts (v) | [gastri:ts] |
| apendicitis (f) | apendicīts (v) | [apenditsi:ts] |
| colecistitis (f) | holecistīts (v) | [xɔletsisti:ts] |
| úlcera (f) | čūla (s) | [tʃu:la] |

| | | |
|---|---|---|
| sarampión (m) | **masalas** (s dsk) | [masalas] |
| rubeola (f) | **masaliņas** (s dsk) | [masaliɲas] |
| ictericia (f) | **dzeltenā kaite** (s) | [dzeltɛna: kaite] |
| hepatitis (f) | **hepatīts** (v) | [xɛpati:ts] |

| | | |
|---|---|---|
| esquizofrenia (f) | **šizofrēnija** (s) | [ʃizɔfre:nija] |
| rabia (f) (hidrofobia) | **trakumsērga** (s) | [trakumse:rga] |
| neurosis (f) | **neiroze** (s) | [nɛirɔze] |
| conmoción (f) cerebral | **smadzeņu satricinājums** (v) | [smadzɛɲu satritsina:jums] |

| | | |
|---|---|---|
| cáncer (m) | **vēzis** (v) | [ve:zis] |
| esclerosis (f) | **skleroze** (s) | [sklerɔze] |
| esclerosis (m) múltiple | **multiplā skleroze** (s) | [multipla: sklerɔze] |

| | | |
|---|---|---|
| alcoholismo (m) | **alkoholisms** (v) | [alkɔxɔlisms] |
| alcohólico (m) | **alkoholiķis** (v) | [alkɔxɔlitʲis] |
| sífilis (f) | **sifiliss** (v) | [sifilis] |
| SIDA (m) | **AIDS** (v) | [aids] |

| | | |
|---|---|---|
| tumor (m) | **audzējs** (v) | [audze:js] |
| maligno (adj) | **ļaundabīgs** | [lʲaundabi:gs] |
| benigno (adj) | **labdabīgs** | [labdabi:gs] |
| fiebre (f) | **drudzis** (v) | [drudzis] |
| malaria (f) | **malārija** (s) | [mala:rija] |
| gangrena (f) | **gangrēna** (s) | [gaŋgrɛ:na] |
| mareo (m) | **jūras slimība** (s) | [ju:ras slimi:ba] |
| epilepsia (f) | **epilepsija** (s) | [epilepsija] |

| | | |
|---|---|---|
| epidemia (f) | **epidēmija** (s) | [epide:mija] |
| tifus (m) | **tīfs** (v) | [ti:fs] |
| tuberculosis (f) | **tuberkuloze** (s) | [tuberkulɔze] |
| cólera (f) | **holēra** (s) | [xɔlɛ:ra] |
| peste (f) | **mēris** (v) | [me:ris] |

## 64. Los síntomas. Los tratamientos. Unidad 1

| | | |
|---|---|---|
| síntoma (m) | **simptoms** (v) | [simptɔms] |
| temperatura (f) | **temperatūra** (s) | [tempɛratu:ra] |
| fiebre (f) | **augsta temperatūra** (s) | [augsta tempɛratu:ra] |
| pulso (m) | **pulss** (v) | [puls] |

| | | |
|---|---|---|
| mareo (m) (vértigo) | **galvas reibšana** (s) | [galvas rɛibʃana] |
| caliente (adj) | **karsts** | [karsts] |
| escalofrío (m) | **drebuļi** (v dsk) | [drɛbulʲi] |
| pálido (adj) | **bāls** | [ba:ls] |

| | | |
|---|---|---|
| tos (f) | **klepus** (v) | [klɛpus] |
| toser (vi) | **klepot** | [klepɔt] |
| estornudar (vi) | **šķaudīt** | [ʃtʲaudi:t] |

| desmayo (m) | ģībonis (v) | [dʲiːbɔnis] |
| desmayarse (vr) | paģībt | [padʲiːbt] |

| moradura (f) | zilums (v) | [zilums] |
| chichón (m) | puns (v) | [puns] |
| golpearse (vr) | atsisties | [atsistiɛs] |
| magulladura (f) | sasitums (v) | [sasitums] |
| magullarse (vr) | sasisties | [sasistiɛs] |

| cojear (vi) | klibot | [klibɔt] |
| dislocación (f) | izmežģījums (v) | [izmeʒdʲiːjums] |
| dislocar (vt) | izmežģīt | [izmeʒdʲiːt] |
| fractura (f) | lūzums (v) | [luːzums] |
| tener una fractura | dabūt lūzumu | [dabuːt luːzumu] |

| corte (m) (tajo) | iegriezums (v) | [iɛgriɛzums] |
| cortarse (vr) | sagriezties | [sagriɛztiɛs] |
| hemorragia (f) | asiņošana (s) | [asiɲɔʃana] |

| quemadura (f) | apdegums (v) | [apdɛgums] |
| quemarse (vr) | apdedzināties | [apdedzina:tiɛs] |

| pincharse (~ el dedo) | sadurt | [sadurt] |
| pincharse (vr) | sadurties | [sadurtiɛs] |
| herir (vt) | sabojāt | [sabɔjaːt] |
| herida (f) | traumēšana (s) | [traume:ʃana] |
| lesión (f) (herida) | ievainojums (v) | [iɛvainɔjums] |
| trauma (m) | trauma (s) | [trauma] |

| delirar (vi) | murgot | [murgɔt] |
| tartamudear (vi) | stostīties | [stɔstiːtiɛs] |
| insolación (f) | saules dūriens (v) | [saules duːriɛns] |

## 65. Los síntomas. Los tratamientos. Unidad 2

| dolor (m) | sāpes (s dsk) | [saːpes] |
| astilla (f) | skabarga (s) | [skabarga] |

| sudor (m) | sviedri (v dsk) | [sviɛdri] |
| sudar (vi) | svīst | [sviːst] |
| vómito (m) | vemšana (s) | [vemʃana] |
| convulsiones (f pl) | krampji (v dsk) | [krampji] |

| embarazada (adj) | grūta | [gruːta] |
| nacer (vi) | piedzimt | [piɛdzimt] |
| parto (m) | dzemdības (s dsk) | [dzemdiːbas] |
| dar a luz | dzemdēt | [dzemde:t] |
| aborto (m) | aborts (v) | [abɔrts] |
| respiración (f) | elpošana (s) | [elpɔʃana] |
| inspiración (f) | ieelpa (s) | [iɛelpa] |

| | | |
|---|---|---|
| espiración (f) | izelpa (s) | [izelpa] |
| espirar (vi) | izelpot | [izelpɔt] |
| inspirar (vi) | ieelpot | [iɛelpɔt] |

| | | |
|---|---|---|
| inválido (m) | invalīds (v) | [invali:ds] |
| mutilado (m) | kroplis (v) | [krɔplis] |
| drogadicto (m) | narkomāns (v) | [narkɔma:ns] |

| | | |
|---|---|---|
| sordo (adj) | kurls | [kurls] |
| mudo (adj) | mēms | [me:ms] |
| sordomudo (adj) | kurlmēms | [kurlme:ms] |

| | | |
|---|---|---|
| loco (adj) | traks | [traks] |
| loco (m) | trakais (v) | [trakais] |
| loca (f) | traka (s) | [traka] |
| volverse loco | zaudēt prātu | [zaude:t pra:tu] |

| | | |
|---|---|---|
| gen (m) | gēns (v) | [ge:ns] |
| inmunidad (f) | imunitāte (s) | [imunita:te] |
| hereditario (adj) | mantojams | [mantɔjams] |
| de nacimiento (adj) | iedzimts | [iɛdzimts] |

| | | |
|---|---|---|
| virus (m) | vīruss (v) | [vi:rus] |
| microbio (m) | mikrobs (v) | [mikrɔbs] |
| bacteria (f) | baktērija (s) | [bakte:rija] |
| infección (f) | infekcija (s) | [infektsija] |

## 66. Los síntomas. Los tratamientos. Unidad 3

| | | |
|---|---|---|
| hospital (m) | slimnīca (s) | [slimni:tsa] |
| paciente (m) | pacients (v) | [patsiɛnts] |

| | | |
|---|---|---|
| diagnosis (f) | diagnoze (s) | [diagnɔze] |
| cura (f) | ārstēšana (s) | [a:rste:ʃana] |
| tratamiento (m) | ārstēšana (s) | [a:rste:ʃana] |
| curarse (vr) | ārstēties | [a:rste:tiɛs] |
| tratar (vt) | ārstēt | [a:rste:t] |
| cuidar (a un enfermo) | apkopt | [apkɔpt] |
| cuidados (m pl) | apkope (s) | [apkɔpe] |

| | | |
|---|---|---|
| operación (f) | operācija (s) | [ɔpɛra:tsija] |
| vendar (vt) | pārsiet | [pa:rsiɛt] |
| vendaje (m) | pārsiešana (s) | [pa:rsiɛʃana] |

| | | |
|---|---|---|
| vacunación (f) | potēšana (s) | [pote:ʃana] |
| vacunar (vt) | potēt | [pote:t] |
| inyección (f) | injekcija (s) | [injektsija] |
| aplicar una inyección | injicēt | [injitse:t] |
| ataque (m) | lēkme (s) | [le:kme] |
| amputación (f) | amputācija (s) | [amputa:tsija] |

| | | |
|---|---|---|
| amputar (vt) | **amputēt** | [ampute:t] |
| coma (m) | **koma** (s) | [kɔma] |
| estar en coma | **būt komā** | [bu:t kɔma:] |
| revitalización (f) | **reanimācija** (s) | [reanima:tsija] |

| | | |
|---|---|---|
| recuperarse (vr) | **atveseļoties** | [atvɛseḷɔtiɛs] |
| estado (m) (de salud) | **stāvoklis** (v) | [sta:vɔklis] |
| consciencia (f) | **apziņa** (s) | [apziŋa] |
| memoria (f) | **atmiņa** (s) | [atmiŋa] |

| | | |
|---|---|---|
| extraer (un diente) | **izraut** | [izraut] |
| empaste (m) | **plomba** (s) | [plɔmba] |
| empastar (vt) | **plombēt** | [plɔmbe:t] |

| | | |
|---|---|---|
| hipnosis (f) | **hipnoze** (s) | [xipnɔze] |
| hipnotizar (vt) | **hipnotizēt** | [xipnɔtize:t] |

## 67. La medicina. Las drogas. Los accesorios

| | | |
|---|---|---|
| medicamento (m), droga (f) | **zāles** (s dsk) | [za:les] |
| remedio (m) | **līdzeklis** (v) | [li:dzeklis] |
| prescribir (vt) | **izrakstīt** | [izraksti:t] |
| receta (f) | **recepte** (s) | [retsepte] |

| | | |
|---|---|---|
| tableta (f) | **tablete** (s) | [tablɛte] |
| ungüento (m) | **ziede** (s) | [ziɛde] |
| ampolla (f) | **ampula** (s) | [ampula] |
| mixtura (f), mezcla (f) | **mikstūra** (s) | [mikstu:ra] |
| sirope (m) | **sīrups** (v) | [si:rups] |
| píldora (f) | **zāļu kapsula** (s) | [za:ḷu kapsula] |
| polvo (m) | **pulveris** (v) | [pulveris] |

| | | |
|---|---|---|
| venda (f) | **saite** (s) | [saite] |
| algodón (m) (discos de ~) | **vate** (s) | [vate] |
| yodo (m) | **jods** (v) | [jɔds] |

| | | |
|---|---|---|
| tirita (f), curita (f) | **plāksteris** (v) | [pla:ksteris] |
| pipeta (f) | **pipete** (s) | [pipɛte] |

| | | |
|---|---|---|
| termómetro (m) | **termometrs** (v) | [termɔmetrs] |
| jeringa (f) | **šļirce** (s) | [ʃḷirtse] |

| | | |
|---|---|---|
| silla (f) de ruedas | **ratiņkrēsls** (v) | [ratiŋkre:sls] |
| muletas (f pl) | **kruķi** (v dsk) | [krutʲi] |

| | | |
|---|---|---|
| anestésico (m) | **pretsāpju līdzeklis** (v) | [pretsa:pju li:dzeklis] |
| purgante (m) | **caurejas līdzeklis** (v) | [tsaurejas li:dzeklis] |
| alcohol (m) | **spirts** (v) | [spirts] |
| hierba (f) medicinal | **zāle** (s) | [za:le] |
| de hierbas (té ~) | **zāļu** | [za:ḷu] |

T&P BOOKS

# EL APARTAMENTO

T&P Books Publishing

## 68. El apartamento

| | | |
|---|---|---|
| apartamento (m) | **dzīvoklis** (v) | [dzi:vɔklis] |
| habitación (f) | **istaba** (s) | [istaba] |
| dormitorio (m) | **guļamistaba** (s) | [guljamistaba] |
| comedor (m) | **ēdamistaba** (s) | [ɛ:damistaba] |
| salón (m) | **viesistaba** (s) | [viɛsistaba] |
| despacho (m) | **kabinets** (v) | [kabinets] |
| | | |
| antecámara (f) | **priekštelpa** (s) | [priɛkʃtelpa] |
| cuarto (m) de baño | **vannas istaba** (s) | [vannas istaba] |
| servicio (m) | **tualete** (s) | [tualɛte] |
| | | |
| techo (m) | **griesti** (v dsk) | [griɛsti] |
| suelo (m) | **grīda** (s) | [gri:da] |
| rincón (m) | **kakts** (v) | [kakts] |

## 69. Los muebles. El interior

| | | |
|---|---|---|
| muebles (m pl) | **mēbeles** (s dsk) | [me:bɛles] |
| mesa (f) | **galds** (v) | [galds] |
| silla (f) | **krēsls** (v) | [kre:sls] |
| cama (f) | **gulta** (s) | [gulta] |
| sofá (m) | **dīvāns** (v) | [di:va:ns] |
| sillón (m) | **atpūtas krēsls** (v) | [atpu:tas kre:sls] |
| | | |
| librería (f) | **grāmatplaukts** (v) | [gra:matplaukts] |
| estante (m) | **plaukts** (v) | [plaukts] |
| | | |
| armario (m) | **drēbju skapis** (v) | [dre:bju skapis] |
| percha (f) | **pakaramais** (v) | [pakaramais] |
| perchero (m) de pie | **stāvpakaramais** (v) | [sta:vpakaramais] |
| | | |
| cómoda (f) | **kumode** (s) | [kumɔde] |
| mesa (f) de café | **žurnālu galdiņš** (v) | [ʒurna:lu galdiɲʃ] |
| | | |
| espejo (m) | **spogulis** (v) | [spɔgulis] |
| tapiz (m) | **paklājs** (v) | [pakla:js] |
| alfombra (f) | **paklājiņš** (v) | [pakla:jiɲʃ] |
| | | |
| chimenea (f) | **kamīns** (v) | [kami:ns] |
| vela (f) | **svece** (s) | [svetse] |
| candelero (m) | **svečturis** (v) | [svetʃturis] |
| cortinas (f pl) | **aizkari** (v dsk) | [aizkari] |

| empapelado (m) | tapetes (s dsk) | [tapɛtes] |
| estor (m) de láminas | žalūzijas (s dsk) | [ʒalu:zijas] |

| lámpara (f) de mesa | galda lampa (s) | [galda lampa] |
| aplique (m) | gaismeklis (v) | [gaismeklis] |
| lámpara (f) de pie | stāvlampa (s) | [sta:vlampa] |
| lámpara (f) de araña | lustra (s) | [lustra] |

| pata (f) (~ de la mesa) | kāja (s) | [ka:ja] |
| brazo (m) | elkoņa balsts (v) | [elkɔɲa balsts] |
| espaldar (m) | atzveltne (s) | [atzveltne] |
| cajón (m) | atvilktne (s) | [atvilktne] |

## 70. Los accesorios de cama

| ropa (f) de cama | gultas veļa (s) | [gultas vɛlʲa] |
| almohada (f) | spilvens (v) | [spilvens] |
| funda (f) | spilvendrāna (s) | [spilvendra:na] |
| manta (f) | sega (s) | [sɛga] |
| sábana (f) | palags (v) | [palags] |
| sobrecama (f) | pārsegs (v) | [pa:rsegs] |

## 71. La cocina

| cocina (f) | virtuve (s) | [virtuve] |
| gas (m) | gāze (s) | [ga:ze] |
| cocina (f) de gas | gāzes plīts (v) | [ga:zes pli:ts] |
| cocina (f) eléctrica | elektriskā plīts (v) | [ɛlektriska: pli:ts] |
| horno (m) | cepeškrāsns (v) | [tsɛpeʃkra:sns] |
| horno (m) microondas | mikroviļņu krāsns (v) | [mikrovilʲɲu kra:sns] |

| frigorífico (m) | ledusskapis (v) | [lɛduskapis] |
| congelador (m) | saldētava (s) | [saldɛ:tava] |
| lavavajillas (m) | trauku mazgājamā mašīna (s) | [trauku mazga:jama: maʃi:na] |

| picadora (f) de carne | gaļas mašīna (s) | [galʲas maʃi:na] |
| exprimidor (m) | sulu spiede (s) | [sulu spiɛde] |
| tostador (m) | tosters (v) | [tɔstɛrs] |
| batidora (f) | mikseris (v) | [mikseris] |

| cafetera (f) (aparato de cocina) | kafijas aparāts (v) | [kafijas apara:ts] |
| cafetera (f) (para servir) | kafijas kanna (s) | [kafijas kanna] |
| molinillo (m) de café | kafijas dzirnaviņas (s) | [kafijas dzirnaviɲas] |

| hervidor (m) de agua | tējkanna (s) | [te:jkanna] |
| tetera (f) | tējkanna (s) | [te:jkanna] |

| tapa (f) | vāciņš (v) | [vaːtsiɲʃ] |
| colador (m) de té | sietiņš (v) | [siɛtiɲʃ] |

| cuchara (f) | karote (s) | [karɔte] |
| cucharilla (f) | tējkarote (s) | [teːjkarɔte] |
| cuchara (f) de sopa | ēdamkarote (s) | [ɛːdamkarɔte] |
| tenedor (m) | dakša (s) | [dakʃa] |
| cuchillo (m) | nazis (v) | [nazis] |

| vajilla (f) | galda piederumi (v dsk) | [galda piɛdɛrumi] |
| plato (m) | šķīvis (v) | [ʃcʲiːvis] |
| platillo (m) | apakštase (s) | [apakʃtase] |

| vaso (m) de chupito | glāzīte (s) | [glaːziːte] |
| vaso (m) (~ de agua) | glāze (s) | [glaːze] |
| taza (f) | tase (s) | [tase] |

| azucarera (f) | cukurtrauks (v) | [tsukurtrauks] |
| salero (m) | sālstrauks (v) | [saːlstrauks] |
| pimentero (m) | piparu traucinš (v) | [piparu trautsiɲʃ] |
| mantequera (f) | sviesta trauks (v) | [sviɛsta trauks] |

| cacerola (f) | kastrolis (v) | [kastrɔlis] |
| sartén (f) | panna (s) | [panna] |
| cucharón (m) | smeļamkarote (s) | [smɛlʲamkarɔte] |
| colador (m) | caurduris (v) | [tsaurduris] |
| bandeja (f) | paplāte (s) | [paplaːte] |

| botella (f) | pudele (s) | [pudɛle] |
| tarro (m) de vidrio | burka (s) | [burka] |
| lata (f) | bundža (s) | [bundʒa] |

| abrebotellas (m) | atvere (s) | [atvɛre] |
| abrelatas (m) | atvere (s) | [atvɛre] |
| sacacorchos (m) | korķvilķis (v) | [kortʲvilʲtʲis] |
| filtro (m) | filtrs (v) | [filtrs] |
| filtrar (vt) | filtrēt | [filtreːt] |

| basura (f) | atkritumi (v dsk) | [atkritumi] |
| cubo (m) de basura | atkritumu tvertne (s) | [atkritumu tvertne] |

## 72. El baño

| cuarto (m) de baño | vannas istaba (s) | [vannas istaba] |
| agua (f) | ūdens (v) | [uːdens] |
| grifo (m) | krāns (v) | [kraːns] |
| agua (f) caliente | karsts ūdens (v) | [karsts uːdens] |
| agua (f) fría | auksts ūdens (v) | [auksts uːdens] |
| pasta (f) de dientes | zobu pasta (s) | [zɔbu pasta] |
| limpiarse los dientes | tīrīt zobus | [tiːriːt zɔbus] |

| cepillo (m) de dientes | zobu birste (s) | [zɔbu birste] |
| afeitarse (vr) | skūties | [sku:tiɛs] |
| espuma (f) de afeitar | skūšanās putas (s) | [sku:ʃana:s putas] |
| maquinilla (f) de afeitar | skuveklis (v) | [skuveklis] |

| lavar (vt) | mazgāt | [mazga:t] |
| darse un baño | mazgāties | [mazga:tiɛs] |
| ducha (f) | duša (s) | [duʃa] |
| darse una ducha | iet dušā | [iɛt duʃa:] |

| bañera (f) | vanna (s) | [vanna] |
| inodoro (m) | klozetpods (v) | [klɔzetpɔds] |
| lavabo (m) | izlietne (s) | [izliɛtne] |

| jabón (m) | ziepes (s dsk) | [ziɛpes] |
| jabonera (f) | ziepju trauks (v) | [ziɛpju trauks] |

| esponja (f) | sūklis (v) | [su:klis] |
| champú (m) | šampūns (v) | [ʃampu:ns] |
| toalla (f) | dvielis (v) | [dviɛlis] |
| bata (f) de baño | halāts (v) | [xala:ts] |

| colada (f), lavado (m) | veļas mazgāšana (s) | [vɛlʲas mazga:ʃana] |
| lavadora (f) | veļas mazgājamā mašīna (s) | [vɛlʲas mazga:jama: maʃi:na] |
| lavar la ropa | mazgāt veļu | [mazga:t vɛlʲu] |
| detergente (m) en polvo | veļas pulveris (v) | [vɛlʲas pulveris] |

## 73. Los aparatos domésticos

| televisor (m) | televizors (v) | [tɛlevizɔrs] |
| magnetófono (m) | magnetofons (v) | [magnetɔfɔns] |
| vídeo (m) | videomagnetofons (v) | [videɔmagnetɔfɔns] |
| radio (m) | radio uztvērējs (v) | [radiɔ uztvɛ:re:js] |
| reproductor (m) (~ MP3) | atskaņotājs (v) | [atskaɲɔta:js] |

| proyector (m) de vídeo | video projektors (v) | [videɔ prɔjektɔrs] |
| sistema (m) home cinema | mājas kinoteātris (v) | [ma:jas kinɔtea:tris] |
| reproductor (m) de DVD | DVD atskaņotājs (v) | [dvd atskaɲɔta:js] |
| amplificador (m) | pastiprinātājs (v) | [pastiprina:ta:js] |
| videoconsola (f) | spēļu konsole (s) | [spɛ:lʲu kɔnsɔle] |

| cámara (f) de vídeo | videokamera (s) | [videɔkamɛra] |
| cámara (f) fotográfica | fotoaparāts (v) | [fotɔapara:ts] |
| cámara (f) digital | digitālais fotoaparāts (v) | [digita:lais fotɔapara:ts] |

| aspirador (m), aspiradora (f) | putekļu sūcējs (v) | [puteklʲu su:tse:js] |
| plancha (f) | gludeklis (v) | [gludeklis] |
| tabla (f) de planchar | gludināmais dēlis (v) | [gludina:mais de:lis] |
| teléfono (m) | tālrunis (v) | [ta:lrunis] |

| teléfono (m) móvil | mobilais tālrunis (v) | [mɔbilais ta:lrunis] |
| máquina (f) de escribir | rakstāmmašīna (s) | [raksta:mmaʃi:na] |
| máquina (f) de coser | šujmašīna (s) | [ʃujmaʃi:na] |

| micrófono (m) | mikrofons (v) | [mikrɔfɔns] |
| auriculares (m pl) | austiņas (s dsk) | [austiɲas] |
| mando (m) a distancia | pults (v) | [pults] |

| CD (m) | kompaktdisks (v) | [kɔmpaktdisks] |
| casete (m) | kasete (s) | [kasɛte] |
| disco (m) de vinilo | plate (s) | [plate] |

# T&P BOOKS

# LA TIERRA. EL TIEMPO

T&P Books Publishing

| | | |
|---|---|---|
| cosmos (m) | kosmoss (v) | [kɔsmɔs] |
| espacial, cósmico (adj) | kosmiskais | [kɔsmiskais] |
| espacio (m) cósmico | kosmiskā telpa (s) | [kɔsmiska: telpa] |
| | | |
| mundo (m) | visums (v) | [visums] |
| universo (m) | pasaule (s) | [pasaule] |
| galaxia (f) | galaktika (s) | [galaktika] |
| | | |
| estrella (f) | zvaigzne (s) | [zvaigzne] |
| constelación (f) | zvaigznājs (v) | [zvaigzna:js] |
| planeta (m) | planēta (s) | [planɛ:ta] |
| satélite (m) | pavadonis (v) | [pavadɔnis] |
| | | |
| meteorito (m) | meteorīts (v) | [mɛteɔri:ts] |
| cometa (m) | komēta (s) | [kɔmɛ:ta] |
| asteroide (m) | asteroīds (v) | [asterɔi:ds] |
| | | |
| órbita (f) | orbīta (s) | [ɔrbi:ta] |
| girar (vi) | griezties ap | [griɛzties ap] |
| atmósfera (f) | atmosfēra (s) | [atmɔsfɛ:ra] |
| | | |
| Sol (m) | Saule (s) | [saule] |
| sistema (m) solar | Saules sistēma (s) | [saules sistɛ:ma] |
| eclipse (m) de Sol | Saules aptumsums (v) | [saules aptumsums] |
| | | |
| Tierra (f) | Zeme (s) | [zɛme] |
| Luna (f) | Mēness (v) | [mɛ:nes] |
| | | |
| Marte (m) | Marss (v) | [mars] |
| Venus (f) | Venēra (s) | [vɛnɛ:ra] |
| Júpiter (m) | Jupiters (v) | [jupitɛrs] |
| Saturno (m) | Saturns (v) | [saturns] |
| | | |
| Mercurio (m) | Merkus (v) | [merkus] |
| Urano (m) | Urāns (v) | [ura:ns] |
| Neptuno (m) | Neptūns (v) | [neptu:ns] |
| Plutón (m) | Plutons (v) | [plutɔns] |
| | | |
| la Vía Láctea | Piena ceļš (v) | [piɛna tselʲʃ] |
| la Osa Mayor | Lielais Lācis (v) | [liɛlais la:tsis] |
| la Estrella Polar | Polārzvaigzne (s) | [pola:rzvaigzne] |
| | | |
| marciano (m) | marsietis (v) | [marsiɛtis] |
| extraterrestre (m) | citplanētietis (v) | [tsitplane:tiɛtis] |

| planetícola (m) | atnācējs (v) | [atna:tse:js] |
| platillo (m) volante | lidojošais šķīvis (v) | [lidɔjɔʃais ʃʲi:vis] |

| nave (f) espacial | kosmiskais kuģis (v) | [kɔsmiskais kudʲis] |
| estación (f) orbital | orbitālā stacija (s) | [ɔrbita:la: statsija] |
| despegue (m) | starts (v) | [starts] |

| motor (m) | dzinējs (v) | [dzine:js] |
| tobera (f) | sprausla (s) | [sprausla] |
| combustible (m) | degviela (s) | [degviɛla] |

| carlinga (f) | kabīne (s) | [kabi:ne] |
| antena (f) | antena (s) | [antɛna] |
| ventana (f) | iluminators (v) | [iluminatɔrs] |
| batería (f) solar | saules baterija (s) | [saules baterija] |
| escafandra (f) | skafandrs (v) | [skafandrs] |

| ingravidez (f) | bezsvara stāvoklis (v) | [bezsvara sta:vɔklis] |
| oxígeno (m) | skābeklis (v) | [ska:beklis] |

| atraque (m) | savienošanās (s) | [saviɛnɔʃana:s] |
| realizar el atraque | savienoties | [saviɛnɔtiɛs] |

| observatorio (m) | observatorija (s) | [ɔbservatɔrija] |
| telescopio (m) | teleskops (v) | [tɛleskɔps] |
| observar (vt) | novērot | [nɔve:rɔt] |
| explorar (~ el universo) | pētīt | [pe:ti:t] |

## 75. La tierra

| Tierra (f) | Zeme (s) | [zɛme] |
| globo (m) terrestre | zemeslode (s) | [zɛmeslɔde] |
| planeta (m) | planēta (s) | [planɛ:ta] |

| atmósfera (f) | atmosfēra (s) | [atmɔsfɛ:ra] |
| geografía (f) | ģeogrāfija (s) | [dʲeɔgra:fija] |
| naturaleza (f) | daba (s) | [daba] |

| globo (m) terráqueo | globuss (v) | [glɔbus] |
| mapa (m) | karte (s) | [karte] |
| atlas (m) | atlants (v) | [atlants] |

| Europa (f) | Eiropa (s) | [ɛirɔpa] |
| Asia (f) | Āzija (s) | [a:zija] |
| África (f) | Āfrika (s) | [a:frika] |
| Australia (f) | Austrālija (s) | [austra:lija] |

| América (f) | Amerika (s) | [amerika] |
| América (f) del Norte | Ziemeļamerika (s) | [ziɛmɛlʲamerika] |
| América (f) del Sur | Dienvidamerika (s) | [diɛnvidamerika] |

| Antártida (f) | Antarktīda (s) | [antarkti:da] |
| Ártico (m) | Arktika (s) | [arktika] |

## 76. Los puntos cardinales

| norte (m) | ziemeļi (v dsk) | [ziɛmelʲi] |
| al norte | uz ziemeļiem | [uz ziɛmelʲiɛm] |
| en el norte | ziemeļos | [ziɛmelʲɔs] |
| del norte (adj) | ziemeļu | [ziɛmɛlʲu] |

| sur (m) | dienvidi (v dsk) | [diɛnvidi] |
| al sur | uz dienvidiem | [uz diɛnvidiɛm] |
| en el sur | dienvidos | [diɛnvidɔs] |
| del sur (adj) | dienvidu | [diɛnvidu] |

| oeste (m) | rietumi (v dsk) | [riɛtumi] |
| al oeste | uz rietumiem | [uz riɛtumiɛm] |
| en el oeste | rietumos | [riɛtumɔs] |
| del oeste (adj) | rietumu | [riɛtumu] |

| este (m) | austrumi (v dsk) | [austrumi] |
| al este | uz austrumiem | [uz austrumiɛm] |
| en el este | austrumos | [austrumɔs] |
| del este (adj) | austrumu | [austrumu] |

## 77. El mar. El océano

| mar (m) | jūra (s) | [ju:ra] |
| océano (m) | okeāns (v) | [ɔkea:ns] |
| golfo (m) | jūras līcis (v) | [ju:ras li:tsis] |
| estrecho (m) | jūras šaurums (v) | [ju:ras ʃaurums] |

| tierra (f) firme | sauszeme (s) | [sauszɛme] |
| continente (m) | kontinents (v) | [kɔntinents] |
| isla (f) | sala (s) | [sala] |
| península (f) | pussala (s) | [pusala] |
| archipiélago (m) | arhipelāgs (v) | [arxipɛla:gs] |

| bahía (f) | līcis (v) | [li:tsis] |
| ensenada, bahía (f) | osta (s) | [ɔsta] |
| laguna (f) | lagūna (s) | [lagu:na] |
| cabo (m) | zemesrags (v) | [zɛmesrags] |

| atolón (m) | atols (v) | [atɔls] |
| arrecife (m) | rifs (v) | [rifs] |
| coral (m) | korallis (v) | [kɔrallis] |
| arrecife (m) de coral | koraļļu rifs (v) | [kɔrallʲu rifs] |
| profundo (adj) | dziļš | [dzilʲʃ] |

| profundidad (f) | dziļums (v) | [dziļums] |
| abismo (m) | dzelme (s) | [dzelme] |
| fosa (f) oceánica | ieplaka (s) | [iɛplaka] |

| corriente (f) | straume (s) | [straume] |
| bañar (rodear) | apskalot | [apskalɔt] |

| orilla (f) | krasts (v) | [krasts] |
| costa (f) | piekraste (s) | [piɛkraste] |

| flujo (m) | paisums (v) | [paisums] |
| reflujo (m) | bēgums (v) | [bɛ:gums] |
| banco (m) de arena | sēklis (v) | [se:klis] |
| fondo (m) | gultne (s) | [gultne] |

| ola (f) | vilnis (v) | [vilnis] |
| cresta (f) de la ola | viļņa mugura (s) | [viļņa mugura] |
| espuma (f) | putas (s) | [putas] |

| tempestad (f) | vētra (s) | [ve:tra] |
| huracán (m) | viesulis (v) | [viɛsulis] |
| tsunami (m) | cunami (v) | [tsunami] |
| bonanza (f) | bezvējš (v) | [bezve:jʃ] |
| calmo, tranquilo | mierīgs | [miɛri:gs] |

| polo (m) | pols (v) | [pɔls] |
| polar (adj) | polārais | [pɔla:rais] |

| latitud (f) | platums (v) | [platums] |
| longitud (f) | garums (v) | [garums] |
| paralelo (m) | paralēle (s) | [paralɛ:le] |
| ecuador (m) | ekvators (v) | [ekvatɔrs] |

| cielo (m) | debess (s) | [dɛbes] |
| horizonte (m) | horizonts (v) | [xɔrizɔnts] |
| aire (m) | gaiss (v) | [gais] |

| faro (m) | bāka (s) | [ba:ka] |
| bucear (vi) | nirt | [nirt] |
| hundirse (vr) | nogrimt | [nɔgrimt] |
| tesoros (m pl) | dārgumi (v dsk) | [da:rgumi] |

## 78. Los nombres de los mares y los océanos

| océano (m) Atlántico | Atlantijas okeāns (v) | [atlantijas ɔkea:ns] |
| océano (m) Índico | Indijas okeāns (v) | [indijas ɔkea:ns] |
| océano (m) Pacífico | Klusais okeāns (v) | [klusais ɔkea:ns] |
| océano (m) Glacial Ártico | Ziemeļu Ledus okeāns (v) | [ziɛmɛlʲu lɛdus ɔkea:ns] |
| mar (m) Negro | Melnā jūra (s) | [melna: ju:ra] |

| mar (m) Rojo | Sarkanā jūra (s) | [sarkana: juːra] |
| mar (m) Amarillo | Dzeltenā jūra (s) | [dzeltɛna: juːra] |
| mar (m) Blanco | Baltā jūra (s) | [balta: juːra] |

| mar (m) Caspio | Kaspijas jūra (s) | [kaspijas juːra] |
| mar (m) Muerto | Nāves jūra (s) | [naːves juːra] |
| mar (m) Mediterráneo | Vidusjūra (s) | [vidusjuːra] |

| mar (m) Egeo | Egejas jūra (s) | [ɛgejas juːra] |
| mar (m) Adriático | Adrijas jūra (s) | [adrijas juːra] |

| mar (m) Arábigo | Arābijas jūra (s) | [araːbijas juːra] |
| mar (m) del Japón | Japāņu jūra (s) | [japaːɲu juːra] |
| mar (m) de Bering | Beringa jūra (s) | [beriŋga juːra] |
| mar (m) de la China Meridional | Dienvidķīnas jūra (s) | [diɛnvidtʲiːnas juːra] |

| mar (m) del Coral | Koraļļu jūra (s) | [kɔralʲu juːra] |
| mar (m) de Tasmania | Tasmāna jūra (s) | [tasmaːna juːra] |
| mar (m) Caribe | Karību jūra (s) | [kariːbu juːra] |

| mar (m) de Barents | Barenca jūra (s) | [barentsa juːra] |
| mar (m) de Kara | Karas jūra (s) | [karas juːra] |

| mar (m) del Norte | Ziemeļjūra (s) | [ziɛmelʲjuːra] |
| mar (m) Báltico | Baltijas jūra (s) | [baltijas juːra] |
| mar (m) de Noruega | Norvēģu jūra (s) | [nɔrvɛːdʲu juːra] |

## 79. Las montañas

| montaña (f) | kalns (v) | [kalns] |
| cadena (f) de montañas | kalnu virkne (s) | [kalnu virkne] |
| cresta (f) de montañas | kalnu grēda (s) | [kalnu grɛːda] |

| cima (f) | virsotne (s) | [virsɔtne] |
| pico (m) | smaile (s) | [smaile] |
| pie (m) | pakāje (s) | [pakaːje] |
| cuesta (f) | nogāze (s) | [nɔgaːze] |

| volcán (m) | vulkāns (v) | [vulkaːns] |
| volcán (m) activo | darvojošais vulkāns (v) | [darvɔjɔʃais vulkaːns] |
| volcán (m) apagado | nodzisušais vulkāns (v) | [nɔdzisuʃais vulkaːns] |

| erupción (f) | izvirdums (v) | [izvirdums] |
| cráter (m) | krāteris (v) | [kraːteris] |
| magma (m) | magma (s) | [magma] |
| lava (f) | lava (s) | [lava] |
| fundido (lava ~a) | karstais | [karstais] |
| cañón (m) | kanjons (v) | [kanjɔns] |
| desfiladero (m) | aiza (s) | [aiza] |

| grieta (f) | plaisa (s) | [plaisa] |
| precipicio (m) | bezdibenis (v) | [bezdibenis] |

| puerto (m) (paso) | pāreja (s) | [pa:reja] |
| meseta (f) | plato (v) | [platɔ] |
| roca (f) | klints (s) | [klints] |
| colina (f) | pakalns (v) | [pakalns] |

| glaciar (m) | ledājs (v) | [lɛda:js] |
| cascada (f) | ūdenskritums (v) | [u:denskritums] |
| geiser (m) | geizers (v) | [gɛizɛrs] |
| lago (m) | ezers (v) | [ɛzɛrs] |

| llanura (f) | līdzenums (v) | [li:dzenums] |
| paisaje (m) | ainava (s) | [ainava] |
| eco (m) | atbalss (s) | [atbals] |

| alpinista (m) | alpīnists (v) | [alpi:nists] |
| escalador (m) | klinšu kāpējs (v) | [klinʃu ka:pe:js] |
| conquistar (vt) | iekarot | [iɛkarɔt] |
| ascensión (f) | uzkāpšana (s) | [uzka:pʃana] |

## 80. Los nombres de las montañas

| Alpes (m pl) | Alpi (v dsk) | [alpi] |
| Montblanc (m) | Monblāns (v) | [mɔnbla:ns] |
| Pirineos (m pl) | Pireneji (v dsk) | [pirɛneji] |

| Cárpatos (m pl) | Karpati (v dsk) | [karpati] |
| Urales (m pl) | Urālu kalni (v dsk) | [ura:lu kalni] |
| Cáucaso (m) | Kaukāzs (v) | [kauka:zs] |
| Elbrus (m) | Elbruss (v) | [elbrus] |

| Altai (m) | Altaja kalni (v) | [altaja kalni] |
| Tian-Shan (m) | Tjanšana kalni (v) | [tjanʃana kalni] |
| Pamir (m) | Pamirs (v) | [pamirs] |
| Himalayos (m pl) | Himalaji (v dsk) | [ximalaji] |
| Everest (m) | Everests (v) | [ɛvɛrests] |

| Andes (m pl) | Andu kalni (v dsk) | [andu kalni] |
| Kilimanjaro (m) | Kilimandžaro (v) | [kilimandʒarɔ] |

## 81. Los ríos

| río (m) | upe (s) | [upe] |
| manantial (m) | ūdens avots (v) | [u:dens avɔts] |
| lecho (m) (curso de agua) | gultne (s) | [gultne] |
| cuenca (f) fluvial | upes baseins (v) | [upes basɛins] |

| | | |
|---|---|---|
| desembocar en ... | ieplūst ... | [iɛplu:st ...] |
| afluente (m) | pieteka (s) | [piɛtɛka] |
| ribera (f) | krasts (v) | [krasts] |

| | | |
|---|---|---|
| corriente (f) | straume (s) | [straume] |
| río abajo (adv) | plūsmas lejtecē | [plu:smas lejtetse:] |
| río arriba (adv) | plūsmas augštecē | [plu:smas augʃtetse:] |

| | | |
|---|---|---|
| inundación (f) | plūdi (v dsk) | [plu:di] |
| riada (f) | pali (v dsk) | [pali] |
| desbordarse (vr) | pārplūst | [pa:rplu:st] |
| inundar (vt) | appludināt | [appludina:t] |

| | | |
|---|---|---|
| bajo (m) arenoso | sēklis (v) | [se:klis] |
| rápido (m) | krāce (s) | [kra:tse] |

| | | |
|---|---|---|
| presa (f) | dambis (v) | [dambis] |
| canal (m) | kanāls (v) | [kana:ls] |
| lago (m) artificiale | ūdenskrātuve (s) | [u:denskra:tuve] |
| esclusa (f) | slūžas (s) | [slu:ʒas] |

| | | |
|---|---|---|
| cuerpo (m) de agua | ūdenstilpe (s) | [u:denstilpe] |
| pantano (m) | purvs (v) | [purvs] |
| ciénaga (f) | staignājs (v) | [staigna:js] |
| remolino (m) | virpulis (v) | [virpulis] |

| | | |
|---|---|---|
| arroyo (m) | strauts (v) | [strauts] |
| potable (adj) | dzeramais | [dzɛramais] |
| dulce (agua ~) | sājš | [sa:jʃ] |

| | | |
|---|---|---|
| hielo (m) | ledus (v) | [lɛdus] |
| helarse (el lago, etc.) | aizsalt | [aizsalt] |

## 82. Los nombres de los ríos

| | | |
|---|---|---|
| Sena (m) | Sēna (s) | [sɛ:na] |
| Loira (m) | Luāra (s) | [lua:ra] |

| | | |
|---|---|---|
| Támesis (m) | Temza (s) | [temza] |
| Rin (m) | Reina (s) | [rɛina] |
| Danubio (m) | Donava (s) | [dɔnava] |

| | | |
|---|---|---|
| Volga (m) | Volga (s) | [vɔlga] |
| Don (m) | Dona (s) | [dɔna] |
| Lena (m) | Ļena (s) | [lʲɛna] |

| | | |
|---|---|---|
| Río (m) Amarillo | Huanhe (s) | [xuanxe] |
| Río (m) Azul | Jandzi (s) | [jandzi] |
| Mekong (m) | Mekonga (s) | [mekɔŋga] |
| Ganges (m) | Ganga (s) | [gaŋga] |

| | | |
|---|---|---|
| Nilo (m) | Nīla (s) | [niːla] |
| Congo (m) | Kongo (s) | [kɔŋgɔ] |
| Okavango (m) | Okavango (s) | [ɔkavaŋgɔ] |
| Zambeze (m) | Zambezi (s) | [zambezi] |
| Limpopo (m) | Limpopo (s) | [limpɔpɔ] |
| Misisipi (m) | Misisipi (s) | [misisipi] |

## 83. El bosque

| | | |
|---|---|---|
| bosque (m) | mežs (v) | [meʒs] |
| de bosque (adj) | meža | [meʒa] |
| | | |
| espesura (f) | meža biezoknis (v) | [meʒa biɛzɔknis] |
| bosquecillo (m) | birze (s) | [birze] |
| claro (m) | nora (s) | [nɔra] |
| | | |
| maleza (f) | krūmājs (v) | [kruːmaːjs] |
| matorral (m) | krūmi (v dsk) | [kruːmi] |
| | | |
| senda (f) | taciņa (s) | [tatsiɲa] |
| barranco (m) | grava (s) | [grava] |
| | | |
| árbol (m) | koks (v) | [kɔks] |
| hoja (f) | lapa (s) | [lapa] |
| follaje (m) | lapas (s dsk) | [lapas] |
| | | |
| caída (f) de hojas | lapkritis (v) | [lapkritis] |
| caer (las hojas) | lapas krīt | [lapas kriːt] |
| cima (f) | virsotne (s) | [virsɔtne] |
| | | |
| rama (f) | zariņš (v) | [zariɲʃ] |
| rama (f) (gruesa) | zars (v) | [zars] |
| brote (m) | pumpurs (v) | [pumpurs] |
| aguja (f) | skuja (s) | [skuja] |
| piña (f) | čiekurs (v) | [tʃiɛkurs] |
| | | |
| agujero (m) | dobums (v) | [dɔbums] |
| nido (m) | ligzda (s) | [ligzda] |
| | | |
| tronco (m) | stumbrs (v) | [stumbrs] |
| raíz (f) | sakne (s) | [sakne] |
| corteza (f) | miza (s) | [miza] |
| musgo (m) | sūna (s) | [suːna] |
| | | |
| extirpar (vt) | atcelmot | [attselmɔt] |
| talar (vt) | cirst | [tsirst] |
| deforestar (vt) | izcirst | [iztsirst] |
| tocón (m) | celms (v) | [tselms] |
| hoguera (f) | ugunskurs (v) | [ugunskurs] |
| incendio (m) forestal | ugunsgrēks (v) | [ugunsgreːks] |

| | | |
|---|---|---|
| apagar (~ el incendio) | dzēst | [dzeːst] |
| guarda (m) forestal | mežinieks (v) | [meʒiniɛks] |
| protección (f) | augu aizsargāšana (s) | [augu aizsargaːʃana] |
| proteger (vt) | dabas aizsardzība | [dabas aizsardziːba] |
| cazador (m) furtivo | malumednieks (v) | [malumedniɛks] |
| cepo (m) | lamatas (s dsk) | [lamatas] |

| | | |
|---|---|---|
| recoger (setas) | sēņot | [seːɲɔt] |
| recoger (bayas) | ogot | [ɔgɔt] |
| perderse (vr) | apmaldīties | [apmaldiːtiɛs] |

## 84. Los recursos naturales

| | | |
|---|---|---|
| recursos (m pl) naturales | dabas resursi (v dsk) | [dabas rɛsursi] |
| recursos (m pl) subterráneos | derīgie izrakteņi (v dsk) | [deriːgiɛ izrakteɲi] |
| depósitos (m pl) | iegulumi (v dsk) | [iɛgulumi] |
| yacimiento (m) | atradne (s) | [atradne] |

| | | |
|---|---|---|
| extraer (vt) | iegūt rūdu | [iɛguːt ruːdu] |
| extracción (f) | ieguve (s) | [iɛguve] |
| mena (f) | rūda (s) | [ruːda] |
| mina (f) | raktuve (s) | [raktuve] |
| pozo (m) de mina | šahta (s) | [ʃaxta] |
| minero (m) | ogļracis (v) | [ɔglʲratsis] |

| | | |
|---|---|---|
| gas (m) | gāze (s) | [gaːze] |
| gasoducto (m) | gāzes vads (v) | [gaːzes vads] |
| petróleo (m) | nafta (s) | [nafta] |
| oleoducto (m) | naftas vads (v) | [naftas vads] |
| pozo (m) de petróleo | naftas tornis (v) | [naftas tɔrnis] |
| torre (f) de sondeo | urbjtornis (v) | [urbjtɔrnis] |
| petrolero (m) | tankkuģis (v) | [tankkudʲis] |

| | | |
|---|---|---|
| arena (f) | smiltis (s dsk) | [smiltis] |
| caliza (f) | kaļķakmens (v) | [kalʲtʲakmens] |
| grava (f) | grants (s) | [grants] |
| turba (f) | kūdra (s) | [kuːdra] |
| arcilla (f) | māls (v) | [maːls] |
| carbón (m) | ogles (s dsk) | [ɔgles] |

| | | |
|---|---|---|
| hierro (m) | dzelzs (s) | [dzelzs] |
| oro (m) | zelts (v) | [zelts] |
| plata (f) | sudrabs (v) | [sudrabs] |
| níquel (m) | niķelis (v) | [nitʲelis] |
| cobre (m) | varš (v) | [varʃ] |

| | | |
|---|---|---|
| zinc (m) | cinks (v) | [tsinks] |
| manganeso (m) | mangāns (v) | [maɲgaːns] |
| mercurio (m) | dzīvsudrabs (v) | [dziːvsudrabs] |

| plomo (m) | svins (v) | [svins] |
|---|---|---|
| mineral (m) | minerāls (v) | [minɛra:ls] |
| cristal (m) | kristāls (v) | [krista:ls] |
| mármol (m) | marmors (v) | [marmɔrs] |
| uranio (m) | urāns (v) | [ura:ns] |

## 85. El tiempo

| tiempo (m) | laiks (v) | [laiks] |
|---|---|---|
| previsión (f) del tiempo | laika prognoze (s) | [laika prɔgnɔze] |
| temperatura (f) | temperatūra (s) | [tempɛratu:ra] |
| termómetro (m) | termometrs (v) | [termɔmetrs] |
| barómetro (m) | barometrs (v) | [barɔmetrs] |

| húmedo (adj) | mitrs | [mitrs] |
|---|---|---|
| humedad (f) | mitrums (v) | [mitrums] |
| bochorno (m) | tveice (s) | [tvɛitse] |
| tórrido (adj) | karsts | [karsts] |
| hace mucho calor | karsts laiks | [karsts laiks] |

| hace calor (templado) | silts laiks | [silts laiks] |
|---|---|---|
| templado (adj) | silts | [silts] |

| hace frío | auksts laiks | [auksts laiks] |
|---|---|---|
| frío (adj) | auksts | [auksts] |

| sol (m) | saule (s) | [saule] |
|---|---|---|
| brillar (vi) | spīd saule | [spi:d saule] |
| soleado (un día ~) | saulains | [saulains] |
| elevarse (el sol) | uzlēkt | [uzle:kt] |
| ponerse (vr) | rietēt | [riɛte:t] |

| nube (f) | mākonis (v) | [ma:kɔnis] |
|---|---|---|
| nuboso (adj) | mākoņains | [ma:kɔɲains] |
| nubarrón (m) | melns mākonis (v) | [melns ma:kɔnis] |
| nublado (adj) | apmācies | [apma:tsiɛs] |

| lluvia (f) | lietus (v) | [liɛtus] |
|---|---|---|
| está lloviendo | līst lietus | [li:st liɛtus] |
| lluvioso (adj) | lietains | [liɛtains] |
| lloviznar (vi) | smidzina | [smidzina] |

| aguacero (m) | stiprs lietus (v) | [stiprs liɛtus] |
|---|---|---|
| chaparrón (m) | lietusgāze (s) | [liɛtusga:ze] |
| fuerte (la lluvia ~) | stiprs | [stiprs] |
| charco (m) | peļķe (s) | [pelʲtʲe] |
| mojarse (vr) | samirkt | [samirkt] |

| niebla (f) | migla (s) | [migla] |
|---|---|---|
| nebuloso (adj) | miglains | [miglains] |

| | | |
|---|---|---|
| nieve (f) | **sniegs** (v) | [sniɛgs] |
| está nevando | **krīt sniegs** | [kri:t sniɛgs] |

## 86. Los eventos climáticos severos. Los desastres naturales

| | | |
|---|---|---|
| tormenta (f) | **pērkona negaiss** (v) | [pe:rkɔna nɛgais] |
| relámpago (m) | **zibens** (v) | [zibens] |
| relampaguear (vi) | **zibēt** | [zibe:t] |
| | | |
| trueno (m) | **pērkons** (v) | [pe:rkɔns] |
| tronar (vi) | **dārdēt** | [da:rde:t] |
| está tronando | **dārd pērkons** | [da:rd pe:rkɔns] |
| | | |
| granizo (m) | **krusa** (s) | [krusa] |
| está granizando | **krīt krusa** | [kri:t krusa] |
| | | |
| inundar (vt) | **appludināt** | [appludina:t] |
| inundación (f) | **ūdens plūdi** (v dsk) | [u:dens plu:di] |
| | | |
| terremoto (m) | **zemestrīce** (s) | [zɛmestri:tse] |
| sacudida (f) | **trieciens** (v) | [triɛtsiɛns] |
| epicentro (m) | **epicentrs** (v) | [epitsentrs] |
| | | |
| erupción (f) | **izvirdums** (v) | [izvirdums] |
| lava (f) | **lava** (s) | [lava] |
| | | |
| torbellino (m) | **virpuļvētra** (s) | [virpulʲve:tra] |
| tornado (m) | **tornado** (v) | [tɔrnadɔ] |
| tifón (m) | **taifūns** (v) | [taifu:ns] |
| | | |
| huracán (m) | **viesulis** (v) | [viɛsulis] |
| tempestad (f) | **vētra** (s) | [ve:tra] |
| tsunami (m) | **cunami** (v) | [tsunami] |
| | | |
| ciclón (m) | **ciklons** (v) | [tsiklɔns] |
| mal tiempo (m) | **slikts laiks** (v) | [slikts laiks] |
| incendio (m) | **ugunsgrēks** (v) | [ugunsgre:ks] |
| catástrofe (f) | **katastrofa** (s) | [katastrofa] |
| meteorito (m) | **meteorīts** (v) | [mɛteori:ts] |
| | | |
| avalancha (f) | **lavīna** (s) | [lavi:na] |
| alud (m) de nieve | **sniega gāze** (s) | [sniɛga ga:ze] |
| ventisca (f) | **sniegputenis** (v) | [sniɛgputenis] |
| nevasca (f) | **sniega vētra** (s) | [sniɛga ve:tra] |

# LA FAUNA

**T&P Books Publishing**

## 87. Los mamíferos. Los predadores

| | | |
|---|---|---|
| carnívoro (m) | **plēsoņa** (s) | [ple:sɔŋa] |
| tigre (m) | **tīģeris** (v) | [ti:dʲeris] |
| león (m) | **lauva** (s) | [lauva] |
| lobo (m) | **vilks** (v) | [vilks] |
| zorro (m) | **lapsa** (s) | [lapsa] |
| | | |
| jaguar (m) | **jaguārs** (v) | [jagua:rs] |
| leopardo (m) | **leopards** (v) | [leɔpards] |
| guepardo (m) | **gepards** (v) | [gɛpards] |
| | | |
| pantera (f) | **pantera** (s) | [pantɛra] |
| puma (f) | **puma** (s) | [puma] |
| leopardo (m) de las nieves | **sniega leopards** (v) | [snɛga leɔpards] |
| lince (m) | **lūsis** (v) | [lu:sis] |
| | | |
| coyote (m) | **koijots** (v) | [kɔijɔts] |
| chacal (m) | **šakālis** (v) | [ʃaka:lis] |
| hiena (f) | **hiēna** (s) | [xiɛ:na] |

## 88. Los animales salvajes

| | | |
|---|---|---|
| animal (m) | **dzīvnieks** (v) | [dzi:vnɛks] |
| bestia (f) | **zvērs** (v) | [zvɛ:rs] |
| | | |
| ardilla (f) | **vāvere** (s) | [va:vɛre] |
| erizo (m) | **ezis** (v) | [ɛzis] |
| liebre (f) | **zaķis** (v) | [zatʲis] |
| conejo (m) | **trusis** (v) | [trusis] |
| | | |
| tejón (m) | **āpsis** (v) | [a:psis] |
| mapache (m) | **jenots** (v) | [jenɔts] |
| hámster (m) | **kāmis** (v) | [ka:mis] |
| marmota (f) | **murkšķis** (v) | [murkʃtʲis] |
| | | |
| topo (m) | **kurmis** (v) | [kurmis] |
| ratón (m) | **pele** (s) | [pɛle] |
| rata (f) | **žurka** (s) | [ʒurka] |
| murciélago (m) | **sikspārnis** (v) | [sikspa:rnis] |
| | | |
| armiño (m) | **sermulis** (v) | [sermulis] |
| cebellina (f) | **sabulis** (v) | [sabulis] |
| marta (f) | **cauna** (s) | [tsauna] |

| | | |
|---|---|---|
| comadreja (f) | **zebiekste** (s) | [zebiɛkste] |
| visón (m) | **ūdele** (s) | [u:dɛle] |
| | | |
| castor (m) | **bebrs** (v) | [bebrs] |
| nutria (f) | **ūdrs** (v) | [u:drs] |
| | | |
| caballo (m) | **zirgs** (v) | [zirgs] |
| alce (m) | **alnis** (v) | [alnis] |
| ciervo (m) | **briedis** (v) | [briɛdis] |
| camello (m) | **kamielis** (v) | [kamiɛlis] |
| | | |
| bisonte (m) | **bizons** (v) | [bizɔns] |
| uro (m) | **sumbrs** (v) | [sumbrs] |
| búfalo (m) | **bifelis** (v) | [bifelis] |
| | | |
| cebra (f) | **zebra** (s) | [zebra] |
| antílope (m) | **antilope** (s) | [antilɔpe] |
| corzo (m) | **stirna** (s) | [stirna] |
| gamo (m) | **dambriedis** (v) | [dambriɛdis] |
| gamuza (f) | **kalnu kaza** (s) | [kalnu kaza] |
| jabalí (m) | **mežacūka** (s) | [meʒatsu:ka] |
| | | |
| ballena (f) | **valis** (v) | [valis] |
| foca (f) | **ronis** (v) | [rɔnis] |
| morsa (f) | **valzirgs** (v) | [valzirgs] |
| oso (m) marino | **kotiks** (v) | [kɔtiks] |
| delfín (m) | **delfīns** (v) | [delfi:ns] |
| | | |
| oso (m) | **lācis** (v) | [la:tsis] |
| oso (m) blanco | **baltais lācis** (v) | [baltais la:tsis] |
| panda (f) | **panda** (s) | [panda] |
| | | |
| mono (m) | **pērtiķis** (v) | [pe:rtitʲis] |
| chimpancé (m) | **šimpanze** (s) | [ʃimpanze] |
| orangután (m) | **orangutāns** (v) | [ɔraŋguta:ns] |
| gorila (m) | **gorilla** (s) | [gɔrilla] |
| macaco (m) | **makaks** (v) | [makaks] |
| gibón (m) | **gibons** (v) | [gibɔns] |
| | | |
| elefante (m) | **zilonis** (v) | [zilɔnis] |
| rinoceronte (m) | **degunradzis** (v) | [dɛgunradzis] |
| | | |
| jirafa (f) | **žirafe** (s) | [ʒirafe] |
| hipopótamo (m) | **nīlzirgs** (v) | [ni:lzirgs] |
| | | |
| canguro (m) | **ķengurs** (v) | [tʲeŋgurs] |
| koala (f) | **koala** (s) | [kɔala] |
| | | |
| mangosta (f) | **mangusts** (v) | [maŋgusts] |
| chinchilla (f) | **šinšilla** (s) | [ʃinʃilla] |
| mofeta (f) | **skunkss** (v) | [skunks] |
| espín (m) | **dzeloņcūka** (s) | [dzelɔntsu:ka] |

# 89.  Los animales domésticos

| gata (f) | kaķis (v) | [katʲis] |
| gato (m) | runcis (v) | [runtsis] |
| perro (m) | suns (v) | [suns] |

| caballo (m) | zirgs (v) | [zirgs] |
| garañón (m) | ērzelis (v) | [e:rzelis] |
| yegua (f) | ķēve (s) | [tʲɛ:ve] |

| vaca (f) | govs (s) | [gɔvs] |
| toro (m) | bullis (v) | [bullis] |
| buey (m) | vērsis (v) | [vɛ:rsis] |

| oveja (f) | aita (s) | [aita] |
| carnero (m) | auns (v) | [auns] |
| cabra (f) | kaza (s) | [kaza] |
| cabrón (m) | āzis (v) | [a:zis] |

| asno (m) | ēzelis (v) | [ɛ:zelis] |
| mulo (m) | mūlis (v) | [mu:lis] |

| cerdo (m) | cūka (s) | [tsu:ka] |
| cerdito (m) | sivēns (v) | [sive:ns] |
| conejo (m) | trusis (v) | [trusis] |

| gallina (f) | vista (s) | [vista] |
| gallo (m) | gailis (v) | [gailis] |

| pato (m) | pīle (s) | [pi:le] |
| ánade (m) | pīļtēviņš (v) | [pi:lʲte:viɲʃ] |
| ganso (m) | zoss (s) | [zɔs] |

| pavo (m) | tītars (v) | [ti:tars] |
| pava (f) | tītaru mātīte (s) | [ti:taru ma:ti:te] |

| animales (m pl) domésticos | mājdzīvnieki (v dsk) | [ma:jdzi:vniɛki] |
| domesticado (adj) | pieradināts | [piɛradina:ts] |
| domesticar (vt) | pieradināt | [piɛradina:t] |
| criar (vt) | audzēt | [audze:t] |

| granja (f) | saimniecība (s) | [saimniɛtsi:ba] |
| aves (f pl) de corral | mājputni (v dsk) | [ma:jputni] |
| ganado (m) | liellopi (v dsk) | [liɛllopi] |
| rebaño (m) | ganāmpulks (v) | [gana:mpulks] |

| caballeriza (f) | zirgu stallis (v) | [zirgu stallis] |
| porqueriza (f) | cūkkūts (s) | [tsu:kku:ts] |
| vaquería (f) | kūts (s) | [ku:ts] |
| conejal (m) | trušu būda (s) | [truʃu bu:da] |
| gallinero (m) | vistu kūts (s) | [vistu ku:ts] |

## 90. Los pájaros

| | | |
|---|---|---|
| pájaro (m) | **putns** (v) | [putns] |
| paloma (f) | **balodis** (v) | [balɔdis] |
| gorrión (m) | **zvirbulis** (v) | [zvirbulis] |
| carbonero (m) | **zīlīte** (s) | [ziːliːte] |
| urraca (f) | **žagata** (s) | [ʒagata] |
| | | |
| cuervo (m) | **krauklis** (v) | [krauklis] |
| corneja (f) | **vārna** (s) | [vaːrna] |
| chova (f) | **kovārnis** (v) | [kɔvaːrnis] |
| grajo (m) | **krauķis** (v) | [krautʲis] |
| | | |
| pato (m) | **pīle** (s) | [piːle] |
| ganso (m) | **zoss** (s) | [zɔs] |
| faisán (m) | **fazāns** (v) | [fazaːns] |
| | | |
| águila (f) | **ērglis** (v) | [eːrglis] |
| azor (m) | **vanags** (v) | [vanags] |
| halcón (m) | **piekūns** (v) | [piɛkuːns] |
| buitre (m) | **grifs** (v) | [grifs] |
| cóndor (m) | **kondors** (v) | [kɔndɔrs] |
| | | |
| cisne (m) | **gulbis** (v) | [gulbis] |
| grulla (f) | **dzērve** (s) | [dzeːrve] |
| cigüeña (f) | **stārķis** (v) | [staːrtʲis] |
| | | |
| loro (m), papagayo (m) | **papagailis** (v) | [papagailis] |
| colibrí (m) | **kolibri** (v) | [kɔlibri] |
| pavo (m) real | **pāvs** (v) | [paːvs] |
| | | |
| avestruz (m) | **strauss** (v) | [straus] |
| garza (f) | **gārnis** (v) | [gaːrnis] |
| flamenco (m) | **flamings** (v) | [flamiŋgs] |
| pelícano (m) | **pelikāns** (v) | [pelikaːns] |
| | | |
| ruiseñor (m) | **lakstīgala** (s) | [lakstiːgala] |
| golondrina (f) | **bezdelīga** (s) | [bezdeliːga] |
| | | |
| tordo (m) | **strazds** (v) | [strazds] |
| zorzal (m) | **dziedātājstrazds** (v) | [dziɛdaːtaːjstrazds] |
| mirlo (m) | **melnais strazds** (v) | [melnais strazds] |
| | | |
| vencejo (m) | **svīre** (s) | [sviːre] |
| alondra (f) | **cīrulis** (v) | [tsiːrulis] |
| codorniz (f) | **paipala** (s) | [paipala] |
| | | |
| pájaro carpintero (m) | **dzenis** (v) | [dzenis] |
| cuco (m) | **dzeguze** (s) | [dzɛguze] |
| lechuza (f) | **pūce** (s) | [puːtse] |
| búho (m) | **ūpis** (v) | [uːpis] |

| urogallo (m) | **mednis** (v) | [mednis] |
| gallo lira (m) | **rubenis** (v) | [rubenis] |
| perdiz (f) | **irbe** (s) | [irbe] |

| estornino (m) | **mājas strazds** (v) | [ma:jas strazds] |
| canario (m) | **kanārijputniņš** (v) | [kana:rijputniɲʃ] |
| ortega (f) | **meža irbe** (s) | [meʒa irbe] |
| pinzón (m) | **žubīte** (s) | [ʒubi:te] |
| camachuelo (m) | **svilpis** (v) | [svilpis] |

| gaviota (f) | **kaija** (s) | [kaija] |
| albatros (m) | **albatross** (v) | [albatrɔs] |
| pingüino (m) | **pingvīns** (v) | [piŋgvi:ns] |

## 91. Los peces. Los animales marinos

| brema (f) | **plaudis** (v) | [plaudis] |
| carpa (f) | **karpa** (s) | [karpa] |
| perca (f) | **asaris** (v) | [asaris] |
| siluro (m) | **sams** (v) | [sams] |
| lucio (m) | **līdaka** (s) | [li:daka] |

| salmón (m) | **lasis** (v) | [lasis] |
| esturión (m) | **store** (s) | [stɔre] |

| arenque (m) | **siļķe** (s) | [silʲtʲe] |
| salmón (m) del Atlántico | **lasis** (v) | [lasis] |
| caballa (f) | **skumbrija** (s) | [skumbrija] |
| lenguado (m) | **bute** (s) | [bute] |

| lucioperca (f) | **zandarts** (v) | [zandarts] |
| bacalao (m) | **menca** (s) | [mentsa] |
| atún (m) | **tuncis** (v) | [tuntsis] |
| trucha (f) | **forele** (s) | [fɔrɛle] |

| anguila (f) | **zutis** (v) | [zutis] |
| raya (f) eléctrica | **elektriskā raja** (s) | [ɛlektriska: raja] |
| morena (f) | **murēna** (s) | [murɛ:na] |
| piraña (f) | **piraija** (s) | [piraija] |

| tiburón (m) | **haizivs** (s) | [xaizivs] |
| delfín (m) | **delfīns** (v) | [delfi:ns] |
| ballena (f) | **valis** (v) | [valis] |

| centolla (f) | **krabis** (v) | [krabis] |
| medusa (f) | **medūza** (s) | [mɛdu:za] |
| pulpo (m) | **astoņkājis** (v) | [astɔnka:jis] |

| estrella (f) de mar | **jūras zvaigzne** (s) | [ju:ras zvaigzne] |
| erizo (m) de mar | **jūras ezis** (v) | [ju:ras ezis] |

| caballito (m) de mar | jūras zirdziņš (v) | [ju:ras zirdziŋʃ] |
| ostra (f) | austere (s) | [austɛre] |
| camarón (m) | garnele (s) | [garnɛle] |
| bogavante (m) | omãrs (v) | [ɔma:rs] |
| langosta (f) | langusts (v) | [laŋgusts] |

## 92. Los anfibios. Los reptiles

| serpiente (f) | čūska (s) | [tʃu:ska] |
| venenoso (adj) | indīga | [indi:ga] |
| | | |
| víbora (f) | odze (s) | [ɔdze] |
| cobra (f) | kobra (s) | [kɔbra] |
| pitón (m) | pitons (v) | [pitɔns] |
| boa (f) | žņaudzējčūska (s) | [ʒɲaudze:jtʃu:ska] |
| | | |
| culebra (f) | zalktis (v) | [zalktis] |
| serpiente (m) de cascabel | klaburčūska (s) | [klaburtʃu:ska] |
| anaconda (f) | anakonda (s) | [anakɔnda] |
| | | |
| lagarto (m) | ķirzaka (s) | [tʲirzaka] |
| iguana (f) | iguāna (s) | [igua:na] |
| varano (m) | varāns (v) | [vara:ns] |
| salamandra (f) | salamandra (s) | [salamandra] |
| camaleón (m) | hameleons (v) | [xamɛleɔns] |
| escorpión (m) | skorpions (v) | [skɔrpiɔns] |
| | | |
| tortuga (f) | bruņurupucis (v) | [bruɲuruputsis] |
| rana (f) | varde (s) | [varde] |
| sapo (m) | krupis (v) | [krupis] |
| cocodrilo (m) | krokodils (v) | [krɔkɔdils] |

## 93. Los insectos

| insecto (m) | kukainis (v) | [kukainis] |
| mariposa (f) | taurenis (v) | [taurenis] |
| hormiga (f) | skudra (s) | [skudra] |
| mosca (f) | muša (s) | [muʃa] |
| mosquito (m) (picadura de ~) | ods (v) | [ɔds] |
| | | |
| escarabajo (m) | vabole (s) | [vabɔle] |
| | | |
| avispa (f) | lapsene (s) | [lapsɛne] |
| abeja (f) | bite (s) | [bite] |
| abejorro (m) | kamene (s) | [kamɛne] |
| moscardón (m) | dundurs (v) | [dundurs] |
| araña (f) | zirneklis (v) | [zirneklis] |
| telaraña (f) | zirnekļtīkls (v) | [zirneklʲti:kls] |

| libélula (f) | spāre (s) | [spa:re] |
| saltamontes (m) | sienāzis (v) | [siɛna:zis] |
| mariposa (f) nocturna | tauriņš (v) | [tauriɲʃ] |

| cucaracha (f) | prusaks (v) | [prusaks] |
| garrapata (f) | ērce (s) | [e:rtse] |
| pulga (f) | blusa (s) | [blusa] |
| mosca (f) negra | knislis (v) | [knislis] |

| langosta (f) | sisenis (v) | [sisenis] |
| caracol (m) | gliemezis (v) | [gliɛmezis] |
| grillo (m) | circenis (v) | [tsirtsenis] |
| luciérnaga (f) | jāņtārpiņš (v) | [ja:ɲta:rpiɲʃ] |
| mariquita (f) | mārīte (s) | [ma:ri:te] |
| sanjuanero (m) | maijvabole (s) | [maijvabɔle] |

| sanguijuela (f) | dēle (s) | [dɛ:le] |
| oruga (f) | kāpurs (v) | [ka:purs] |
| lombriz (m) de tierra | tārps (v) | [ta:rps] |
| larva (f) | kāpurs (v) | [ka:purs] |

# LA FLORA

T&P Books Publishing

| | | |
|---|---|---|
| árbol (m) | koks (v) | [kɔks] |
| foliáceo (adj) | lapu koks | [lapu kɔks] |
| conífero (adj) | skujkoks | [skujkɔks] |
| de hoja perenne | mūžzaļš | [muːʒzalʲʃ] |
| | | |
| manzano (m) | ābele (s) | [aːbɛle] |
| peral (m) | bumbiere (s) | [bumbiɛre] |
| cerezo (m) | saldais ķirsis (v) | [saldais tʲirsis] |
| guindo (m) | skābais ķirsis (v) | [skaːbais tʲirsis] |
| ciruelo (m) | plūme (s) | [pluːme] |
| | | |
| abedul (m) | bērzs (v) | [beːrzs] |
| roble (m) | ozols (v) | [ɔzɔls] |
| tilo (m) | liepa (s) | [liɛpa] |
| pobo (m) | apse (s) | [apse] |
| arce (m) | kļava (s) | [klʲava] |
| | | |
| pícea (f) | egle (s) | [egle] |
| pino (m) | priede (s) | [priɛde] |
| alerce (m) | lapegle (s) | [lapegle] |
| | | |
| abeto (m) | dižegle (s) | [diʒegle] |
| cedro (m) | ciedrs (v) | [tsiɛdrs] |
| | | |
| álamo (m) | papele (s) | [papɛle] |
| serbal (m) | pīlādzis (v) | [piːlaːdzis] |
| | | |
| sauce (m) | vītols (v) | [viːtɔls] |
| aliso (m) | alksnis (v) | [alksnis] |
| | | |
| haya (f) | dižskābardis (v) | [diʒskaːbardis] |
| olmo (m) | vīksna (s) | [viːksna] |
| | | |
| fresno (m) | osis (v) | [ɔsis] |
| castaño (m) | kastaņa (s) | [kastaɲa] |
| | | |
| magnolia (f) | magnolija (s) | [magnɔlija] |
| palmera (f) | palma (s) | [palma] |
| ciprés (m) | ciprese (s) | [tsiprɛse] |
| | | |
| mangle (m) | mango koks (v) | [maŋgɔ kɔks] |
| baobab (m) | baobabs (v) | [baɔbabs] |
| eucalipto (m) | eikalipts (v) | [ɛikalipts] |
| secoya (f) | sekvoja (s) | [sekvɔja] |

## 95. Los arbustos

| | | |
|---|---|---|
| mata (f) | **Krūms** (v) | [kru:ms] |
| arbusto (m) | **krūmājs** (v) | [kru:ma:js] |

| | | |
|---|---|---|
| vid (f) | **vīnogas** (v) | [vi:nɔgas] |
| viñedo (m) | **vīnogulājs** (v) | [vi:nɔgula:js] |

| | | |
|---|---|---|
| frambueso (m) | **avenājs** (v) | [avɛna:js] |
| grosellero (m) negro | **upeņu krūms** (v) | [upɛɲu kru:ms] |
| grosellero (m) rojo | **sarkano jāņogu krūms** (v) | [sarkanɔ ja:ɲɔgu kru:ms] |
| grosellero (m) espinoso | **ērkšķogu krūms** (v) | [e:rkʃtⁱɔgu kru:ms] |

| | | |
|---|---|---|
| acacia (f) | **akācija** (s) | [aka:tsija] |
| berberís (m) | **bārbele** (s) | [ba:rbɛle] |
| jazmín (m) | **jasmīns** (v) | [jasmi:ns] |

| | | |
|---|---|---|
| enebro (m) | **kadiķis** (v) | [kaditⁱis] |
| rosal (m) | **rožu krūms** (v) | [rɔʒu kru:ms] |
| escaramujo (m) | **mežroze** (s) | [meʒrɔze] |

## 96. Las frutas. Las bayas

| | | |
|---|---|---|
| fruto (m) | **auglis** (v) | [auglis] |
| frutos (m pl) | **augļi** (v dsk) | [auglⁱi] |
| manzana (f) | **ābols** (v) | [a:bɔls] |
| pera (f) | **bumbieris** (v) | [bumbiɛris] |
| ciruela (f) | **plūme** (s) | [plu:me] |

| | | |
|---|---|---|
| fresa (f) | **zemene** (s) | [zɛmɛne] |
| guinda (f) | **skābais ķirsis** (v) | [ska:bais tⁱirsis] |
| cereza (f) | **saldais ķirsis** (v) | [saldais tⁱirsis] |
| uva (f) | **vīnoga** (s) | [vi:nɔga] |

| | | |
|---|---|---|
| frambuesa (f) | **avene** (s) | [avɛne] |
| grosella (f) negra | **upene** (s) | [upɛne] |
| grosella (f) roja | **sarkanā jāņoga** (s) | [sarkana: ja:ɲɔga] |
| grosella (f) espinosa | **ērkšķoga** (s) | [e:rkʃtⁱɔga] |
| arándano (m) agrio | **dzērvene** (s) | [dze:rvɛne] |

| | | |
|---|---|---|
| naranja (f) | **apelsīns** (v) | [apɛlsi:ns] |
| mandarina (f) | **mandarīns** (v) | [mandari:ns] |
| piña (f) | **ananāss** (v) | [anana:s] |
| banana (f) | **banāns** (v) | [bana:ns] |
| dátil (m) | **datele** (s) | [datɛle] |

| | | |
|---|---|---|
| limón (m) | **citrons** (v) | [tsitrɔns] |
| albaricoque (m) | **aprikoze** (s) | [aprikɔze] |
| melocotón (m) | **persiks** (v) | [pɛrsiks] |

| | | |
|---|---|---|
| kiwi (m) | **kivi** (v) | [kivi] |
| toronja (f) | **greipfrūts** (v) | [grɛipfru:ts] |

| | | |
|---|---|---|
| baya (f) | **oga** (s) | [ɔga] |
| bayas (f pl) | **ogas** (s dsk) | [ɔgas] |
| arándano (m) rojo | **brūklene** (s) | [bru:klɛne] |
| fresa (f) silvestre | **meža zemene** (s) | [meʒa zɛmɛne] |
| arándano (m) | **mellene** (s) | [mellɛne] |

## 97. Las flores. Las plantas

| | | |
|---|---|---|
| flor (f) | **zieds** (v) | [ziɛds] |
| ramo (m) de flores | **ziedu pušķis** (v) | [ziɛdu puʃtʲis] |

| | | |
|---|---|---|
| rosa (f) | **roze** (s) | [rɔze] |
| tulipán (m) | **tulpe** (s) | [tulpe] |
| clavel (m) | **neļķe** (s) | [nelʲtʲe] |
| gladiolo (m) | **gladiola** (s) | [gladiɔla] |

| | | |
|---|---|---|
| aciano (m) | **rudzupuķīte** (s) | [rudzuputʲi:te] |
| campanilla (f) | **pulkstenīte** (s) | [pulksteni:te] |
| diente (m) de león | **pienenīte** (s) | [piɛneni:te] |
| manzanilla (f) | **kumelīte** (s) | [kumeli:te] |

| | | |
|---|---|---|
| áloe (m) | **alveja** (s) | [alveja] |
| cacto (m) | **kaktuss** (v) | [kaktus] |
| ficus (m) | **gumijkoks** (v) | [gumijkɔks] |

| | | |
|---|---|---|
| azucena (f) | **lilija** (s) | [lilija] |
| geranio (m) | **ģerānija** (s) | [dʲɛra:nija] |
| jacinto (m) | **hiacinte** (s) | [xiatsinte] |

| | | |
|---|---|---|
| mimosa (f) | **mimoza** (s) | [mimɔza] |
| narciso (m) | **narcise** (s) | [nartsise] |
| capuchina (f) | **krese** (s) | [krɛse] |

| | | |
|---|---|---|
| orquídea (f) | **orhideja** (s) | [ɔrxideja] |
| peonía (f) | **pujene** (s) | [pujene] |
| violeta (f) | **vijolīte** (s) | [vijɔli:te] |

| | | |
|---|---|---|
| trinitaria (f) | **atraitnītes** (s dsk) | [atraitni:tes] |
| nomeolvides (f) | **neaizmirstule** (s) | [neaizmirstule] |
| margarita (f) | **margrietiņa** (s) | [margriɛtiɲa] |

| | | |
|---|---|---|
| amapola (f) | **magone** (s) | [magɔne] |
| cáñamo (m) | **kaņepe** (s) | [kaɲepe] |
| menta (f) | **mētra** (s) | [me:tra] |

| | | |
|---|---|---|
| muguete (m) | **maijpuķīte** (s) | [maijputʲi:te] |
| campanilla (f) de las nieves | **sniegpulkstenīte** (s) | [sniɛgpulksteni:te] |

| | | |
|---|---|---|
| ortiga (f) | nātre (s) | [na:tre] |
| acedera (f) | skābene (s) | [ska:bɛne] |
| nenúfar (m) | ūdensroze (s) | [u:densrɔze] |
| helecho (m) | paparde (s) | [paparde] |
| liquen (m) | ķērpis (v) | [tⁱe:rpis] |

| | | |
|---|---|---|
| invernadero (m) tropical | oranžērija (s) | [ɔranʒe:rija] |
| césped (m) | zālājs (v) | [za:la:js] |
| macizo (m) de flores | puķu dobe (s) | [putⁱu dɔbe] |

| | | |
|---|---|---|
| planta (f) | augs (v) | [augs] |
| hierba (f) | zāle (s) | [za:le] |
| hoja (f) de hierba | zālīte (s) | [za:li:te] |

| | | |
|---|---|---|
| hoja (f) | lapa (s) | [lapa] |
| pétalo (m) | lapiņa (s) | [lapiɲa] |
| tallo (m) | stiebrs (v) | [stiɛbrs] |
| tubérculo (m) | bumbulis (v) | [bumbulis] |

| | | |
|---|---|---|
| retoño (m) | dīglis (v) | [di:glis] |
| espina (f) | ērkšķis (v) | [e:rkʃtⁱis] |

| | | |
|---|---|---|
| florecer (vi) | ziedēt | [ziɛde:t] |
| marchitarse (vr) | novīt | [nɔvi:t] |
| olor (m) | smarža (s) | [smarʒa] |
| cortar (vt) | nogriezt | [nɔgriɛzt] |
| coger (una flor) | noplūkt | [nɔplu:kt] |

## 98. Los cereales, los granos

| | | |
|---|---|---|
| grano (m) | graudi (v dsk) | [graudi] |
| cereales (m pl) (plantas) | graudaugi (v dsk) | [graudaugi] |
| espiga (f) | vārpa (s) | [va:rpa] |

| | | |
|---|---|---|
| trigo (m) | kvieši (v dsk) | [kviɛʃi] |
| centeno (m) | rudzi (v dsk) | [rudzi] |
| avena (f) | auzas (s dsk) | [auzas] |

| | | |
|---|---|---|
| mijo (m) | prosa (s) | [prɔsa] |
| cebada (f) | mieži (v dsk) | [miɛʒi] |

| | | |
|---|---|---|
| maíz (m) | kukurūza (s) | [kukuru:za] |
| arroz (m) | rīsi (v dsk) | [ri:si] |
| alforfón (m) | griķi (v dsk) | [gritⁱi] |

| | | |
|---|---|---|
| guisante (m) | zirnis (v) | [zirnis] |
| fréjol (m) | pupiņas (s dsk) | [pupiɲas] |
| soya (f) | soja (s) | [sɔja] |
| lenteja (f) | lēcas (s dsk) | [le:tsas] |
| habas (f pl) | pupas (s dsk) | [pupas] |

T&P BOOKS

# LOS PAÍSES

T&P Books Publishing

| | | |
|---|---|---|
| Afganistán (m) | Afganistāna (s) | [afganista:na] |
| Albania (f) | Albānija (s) | [alba:nija] |
| Alemania (f) | Vācija (s) | [va:tsija] |
| Arabia (f) Saudita | Saūda Arābija (s) | [sau:da ara:bija] |
| Argentina (f) | Argentīna (s) | [argenti:na] |
| Armenia (f) | Armēnija (s) | [arme:nija] |
| Australia (f) | Austrālija (s) | [austra:lija] |
| Austria (f) | Austrija (s) | [austrija] |
| Azerbaiyán (m) | Azerbaidžāna (s) | [azerbaidʒa:na] |
| | | |
| Bangladesh (m) | Bangladeša (s) | [baŋgladeʃa] |
| Bélgica (f) | Beļģija (s) | [belʲdʲija] |
| Bielorrusia (f) | Baltkrievija (s) | [baltkrievija] |
| Bolivia (f) | Bolīvija (s) | [boli:vija] |
| Bosnia y Herzegovina | Bosnija un Hercegovina (s) | [bosnija un xertsegovina] |
| Brasil (m) | Brazīlija (s) | [brazi:lija] |
| Bulgaria (f) | Bulgārija (s) | [bulga:rija] |
| Camboya (f) | Kambodža (s) | [kambɔdʒa] |
| Canadá (f) | Kanāda (s) | [kana:da] |
| Chequia (f) | Čehija (s) | [tʃexija] |
| Chile (m) | Čīle (s) | [tʃi:le] |
| China (f) | Ķīna (s) | [tʲi:na] |
| Chipre (m) | Kipra (s) | [kipra] |
| Colombia (f) | Kolumbija (s) | [kɔlumbija] |
| Corea (f) del Norte | Ziemeļkoreja (s) | [ziɛmelʲkɔreja] |
| Corea (f) del Sur | Dienvidkoreja (s) | [diɛnvidkɔreja] |
| Croacia (f) | Horvātija (s) | [xɔrva:tija] |
| Cuba (f) | Kuba (s) | [kuba] |
| | | |
| Dinamarca (f) | Dānija (s) | [da:nija] |
| Ecuador (m) | Ekvadora (s) | [ekvadɔra] |
| Egipto (m) | Ēģipte (s) | [e:dʲipte] |
| Emiratos (m pl) Árabes Unidos | Apvienotie Arābu Emirāti (v dsk) | [apviɛnɔtiɛ ara:bu emira:ti] |
| Escocia (f) | Skotija (s) | [skɔtija] |
| Eslovaquia (f) | Slovākija (s) | [slɔva:kija] |
| Eslovenia | Slovēnija (s) | [slɔve:nija] |
| España (f) | Spānija (s) | [spa:nija] |
| Estados Unidos de América | Amerikas Savienotās Valstis (s dsk) | [amerikas saviɛnɔta:s valstis] |
| Estonia (f) | Igaunija (s) | [igaunija] |
| Finlandia (f) | Somija (s) | [sɔmija] |
| Francia (f) | Francija (s) | [frantsija] |

## 100. Los países. Unidad 2

| | | |
|---|---|---|
| Georgia (f) | **Gruzija** (s) | [gruzija] |
| Ghana (f) | **Gana** (s) | [gana] |
| Gran Bretaña (f) | **Lielbritānija** (s) | [liɛlbritaːnija] |
| Grecia (f) | **Grieķija** (s) | [griɛtⁱija] |
| Haití (m) | **Haiti** (v) | [xaiti] |
| Hungría (f) | **Ungārija** (s) | [uŋgaːrija] |
| | | |
| India (f) | **Indija** (s) | [indija] |
| Indonesia (f) | **Indonēzija** (s) | [indɔneːzija] |
| Inglaterra (f) | **Anglija** (s) | [aŋglija] |
| Irak (m) | **Irāka** (s) | [iraːka] |
| Irán (m) | **Irāna** (s) | [iraːna] |
| Irlanda (f) | **Īrija** (s) | [iːrija] |
| Islandia (f) | **Īslande** (s) | [iːslande] |
| Islas (f pl) Bahamas | **Bahamu salas** (s dsk) | [baxamu salas] |
| | | |
| Israel (m) | **Izraēla** (s) | [izraɛːla] |
| Italia (f) | **Itālija** (s) | [itaːlija] |
| | | |
| Jamaica (f) | **Jamaika** (s) | [jamaika] |
| Japón (m) | **Japāna** (s) | [japaːna] |
| Jordania (f) | **Jordānija** (s) | [jɔrdaːnija] |
| | | |
| Kazajstán (m) | **Kazahstāna** (s) | [kazaxstaːna] |
| Kenia (f) | **Kenija** (s) | [kenija] |
| | | |
| Kirguizistán (m) | **Kirgizstāna** (s) | [kirgizstaːna] |
| Kuwait (m) | **Kuveita** (s) | [kuvɛita] |
| | | |
| Laos (m) | **Laosa** (s) | [laɔsa] |
| Letonia (f) | **Latvija** (s) | [latvija] |
| Líbano (m) | **Libāna** (s) | [libaːna] |
| Libia (f) | **Lībija** (s) | [liːbija] |
| Liechtenstein (m) | **Lihtenšteina** (s) | [lixtenʃtɛina] |
| | | |
| Lituania (f) | **Lietuva** (s) | [liɛtuva] |
| Luxemburgo (m) | **Luksemburga** (s) | [luksemburga] |
| | | |
| Macedonia | **Maķedonija** (s) | [matⁱedɔnija] |
| Madagascar (m) | **Madagaskara** (s) | [madagaskara] |
| Malasia (f) | **Malaizija** (s) | [malaizija] |
| Malta (f) | **Malta** (s) | [malta] |
| Marruecos (m) | **Maroka** (s) | [marɔka] |
| Méjico (m) | **Meksika** (s) | [meksika] |
| Moldavia (f) | **Moldova** (s) | [mɔldɔva] |
| Mónaco (m) | **Monako** (s) | [mɔnakɔ] |
| Mongolia (f) | **Mongolija** (s) | [mɔŋgolija] |
| Montenegro (m) | **Melnkalne** (s) | [melnkalne] |
| Myanmar (m) | **Mjanma** (s) | [mjanma] |

## 101. Los países. Unidad 3

| Namibia (f) | Namībija (s) | [nami:bija] |
| Nepal (m) | Nepāla (s) | [nεpa:la] |
| Noruega (f) | Norvēģija (s) | [nɔrve:dʲija] |
| Nueva Zelanda (f) | Jaunzēlande (s) | [jaunzε:lande] |

| Países Bajos (m pl) | Nīderlande (s) | [ni:derlande] |
| Pakistán (m) | Pakistāna (s) | [pakista:na] |
| Palestina (f) | Palestīna (s) | [palesti:na] |
| Panamá (f) | Panama (s) | [panama] |
| Paraguay (m) | Paragvaja (s) | [paragvaja] |
| Perú (m) | Peru (v) | [pεru] |
| Polinesia (f) Francesa | Franču Polinēzija (s) | [frantʃu pɔline:zija] |
| Polonia (f) | Polija (s) | [pɔlija] |
| Portugal (m) | Portugāle (s) | [pɔrtuga:le] |

| República (f) Dominicana | Dominikas Republika (s) | [dɔminikas rεpublika] |
| República (f) Sudafricana | Dienvidāfrikas Republika (s) | [diεnvida:frikas rεpublika] |
| Rumania (f) | Rumānija (s) | [ruma:nija] |
| Rusia (f) | Krievija (s) | [kriεvija] |

| Senegal (m) | Senegāla (s) | [senεga:la] |
| Serbia (f) | Serbija (s) | [serbija] |
| Siria (f) | Sīrija (s) | [si:rija] |
| Suecia (f) | Zviedrija (s) | [zviεdrija] |
| Suiza (f) | Šveice (s) | [ʃvεitse] |
| Surinam (m) | Surinama (s) | [surinama] |

| Tayikistán (m) | Tadžikistāna (s) | [tadʒikista:na] |
| Tailandia (f) | Taizeme (s) | [taizεme] |
| Taiwán (m) | Taivāna (s) | [taiva:na] |
| Tanzania (f) | Tanzānija (s) | [tanza:nija] |
| Tasmania (f) | Tasmānija (s) | [tasma:nija] |
| Túnez (m) | Tunisija (s) | [tunisija] |
| Turkmenistán (m) | Turkmenistāna (s) | [turkmenista:na] |
| Turquía (f) | Turcija (s) | [turtsija] |

| Ucrania (f) | Ukraina (s) | [ukraina] |
| Uruguay (m) | Urugvaja (s) | [urugvaja] |
| Uzbekistán (m) | Uzbekistāna (s) | [uzbekista:na] |
| Vaticano (m) | Vatikāns (v) | [vatika:ns] |
| Venezuela (f) | Venecuēla (s) | [vεnetsuε:la] |
| Vietnam (m) | Vjetnama (s) | [vjetnama] |
| Zanzíbar (m) | Zanzibāra (s) | [zanziba:ra] |

**T&P** BOOKS

# GLOSARIO GASTRONÓMICO

Esta sección contiene una
gran cantidad de palabras y
términos asociados con la
comida. Este diccionario le hará
más fácil la comprensión
del menú de un restaurante y
la elección del plato adecuado

**T&P Books Publishing**

| | | |
|---|---|---|
| ¡Que aproveche! | **Labu apetīti!** | [labu apeti:ti!] |
| abrebotellas (m) | **atvere** (s) | [atvɛre] |
| abrelatas (m) | **atvere** (s) | [atvɛre] |
| aceite (m) de girasol | **saulespuķu eļļa** (s) | [saulesputʲu ellʲa] |
| aceite (m) de oliva | **olīveļļa** (s) | [ɔli:vellʲa] |
| aceite (m) vegetal | **augu eļļa** (s) | [augu ellʲa] |
| agua (f) | **ūdens** (v) | [u:dens] |
| agua (f) mineral | **minerālūdens** (v) | [minɛra:lu:dens] |
| agua (f) potable | **dzeramais ūdens** (v) | [dzɛramais u:dens] |
| aguacate (m) | **avokado** (v) | [avɔkadɔ] |
| ahumado (adj) | **kūpināts** | [ku:pina:ts] |
| ajo (m) | **ķiploks** (v) | [tʲiplɔks] |
| albahaca (f) | **baziliks** (v) | [baziliks] |
| albaricoque (m) | **aprikoze** (s) | [aprikɔze] |
| alcachofa (f) | **artišoks** (v) | [artiʃɔks] |
| alforfón (m) | **griķi** (v dsk) | [gritʲi] |
| almendra (f) | **mandeles** (s dsk) | [mandɛles] |
| almuerzo (m) | **pusdienas** (s dsk) | [pusdiɛnas] |
| amargo (adj) | **rūgts** | [ru:gts] |
| anís (m) | **anīss** (v) | [ani:s] |
| anguila (f) | **zutis** (v) | [zutis] |
| aperitivo (m) | **aperitīvs** (v) | [aperiti:vs] |
| apetito (m) | **apetīte** (s) | [apeti:te] |
| apio (m) | **selerija** (s) | [sɛlerija] |
| arándano (m) | **mellene** (s) | [mellɛne] |
| arándano (m) agrio | **dzērvene** (s) | [dze:rvɛne] |
| arándano (m) rojo | **brūklene** (s) | [bru:klɛne] |
| arenque (m) | **siļķe** (s) | [silʲtʲe] |
| arroz (m) | **rīsi** (v dsk) | [ri:si] |
| atún (m) | **tuncis** (v) | [tuntsis] |
| avellana (f) | **lazdu rieksts** (v) | [lazdu riɛksts] |
| avena (f) | **auzas** (s dsk) | [auzas] |
| azúcar (m) | **cukurs** (v) | [tsukurs] |
| azafrán (m) | **safrāns** (v) | [safra:ns] |
| azucarado, dulce (adj) | **salds** | [salds] |
| bacalao (m) | **menca** (s) | [mentsa] |
| banana (f) | **banāns** (v) | [bana:ns] |
| bar (m) | **bārs** (v) | [ba:rs] |
| barman (m) | **bārmenis** (v) | [ba:rmenis] |
| batido (m) | **piena kokteilis** (v) | [piɛna kɔktɛilis] |
| baya (f) | **oga** (s) | [ɔga] |
| bayas (f pl) | **ogas** (s dsk) | [ɔgas] |
| bebida (f) sin alcohol | **bezalkoholiskais dzēriens** (v) | [bɛzalkɔxɔliskais dze:riɛns] |

| | | |
|---|---|---|
| bebidas (f pl) alcohólicas | alkoholiskie dzērieni (v dsk) | [alkɔxɔliskiɛ dze:riɛni] |
| beicon (m) | bekons (v) | [bekɔns] |
| berenjena (f) | baklažāns (v) | [baklaʒa:ns] |
| bistec (m) | bifšteks (v) | [bifʃteks] |
| bocadillo (m) | sviestmaize (s) | [sviɛstmaize] |
| boleto (m) áspero | bērzu beka (s) | [be:rzu bɛka] |
| boleto (m) castaño | apšu beka (s) | [apʃu bɛka] |
| brócoli (m) | brokolis (v) | [brɔkɔlis] |
| brema (f) | plaudis (v) | [plaudis] |
| cóctel (m) | kokteilis (v) | [kɔktɛilis] |
| caballa (f) | skumbrija (s) | [skumbrija] |
| cacahuete (m) | zemesrieksts (v) | [zɛmesriɛksts] |
| café (m) | kafija (s) | [kafija] |
| café (m) con leche | kafija (s) ar pienu | [kafija ar piɛnu] |
| café (m) solo | melnā kafija (s) | [melna: kafija] |
| café (m) soluble | šķīstošā kafija (s) | [ʃt'i:stɔʃa: kafija] |
| calabacín (m) | kabacis (v) | [kabatsis] |
| calabaza (f) | ķirbis (v) | [t'irbis] |
| calamar (m) | kalmārs (v) | [kalma:rs] |
| caldo (m) | buljons (v) | [buljɔns] |
| caliente (adj) | karsts | [karsts] |
| caloría (f) | kalorija (s) | [kalɔrija] |
| camarón (m) | garnele (s) | [garnɛle] |
| camarera (f) | oficiante (s) | [ɔfitsiante] |
| camarero (m) | oficiants (v) | [ɔfitsiants] |
| canela (f) | kanēlis (v) | [kane:lis] |
| cangrejo (m) de mar | krabis (v) | [krabis] |
| capuchino (m) | kapučīno (v) | [kaputʃi:nɔ] |
| caramelo (m) | konfekte (s) | [kɔnfekte] |
| carbohidratos (m pl) | ogļhidrāti (v dsk) | [ɔgl'xidra:ti] |
| carne (f) | gaļa (s) | [gal'a] |
| carne (f) de carnero | jēra gaļa (s) | [je:ra gal'a] |
| carne (f) de cerdo | cūkgaļa (s) | [tsu:kgal'a] |
| carne (f) de ternera | teļa gaļa (s) | [tɛl'a gal'a] |
| carne (f) de vaca | liellopu gaļa (s) | [liɛllopu gal'a] |
| carne (f) picada | malta gaļa (s) | [malta gal'a] |
| carpa (f) | karpa (s) | [karpa] |
| carta (f) de vinos | vīnu karte (s) | [vi:nu karte] |
| carta (f), menú (m) | ēdienkarte (s) | [e:diɛnkarte] |
| caviar (m) | ikri (v dsk) | [ikri] |
| caza (f) menor | medījums (v) | [medi:jums] |
| cebada (f) | mieži (v dsk) | [miɛʒi] |
| cebolla (f) | sīpols (v) | [si:pɔls] |
| cena (f) | vakariņas (s dsk) | [vakariņas] |
| centeno (m) | rudzi (v dsk) | [rudzi] |
| cereales (m pl) | graudaugi (v dsk) | [graudaugi] |
| cereales (m pl) integrales | putraimi (v dsk) | [putraimi] |
| cereza (f) | saldais ķirsis (v) | [saldais t'irsis] |
| cerveza (f) | alus (v) | [alus] |
| cerveza (f) negra | tumšais alus (v) | [tumʃais alus] |
| cerveza (f) rubia | gaišais alus (v) | [gaiʃais alus] |

| champaña (f) | šampanietis (v) | [ʃampaniɛtis] |
| chicle (m) | košļājamā gumija (s) | [kɔʃlʲaːjama: gumija] |
| chocolate (m) | šokolāde (s) | [ʃɔkɔla:de] |
| cilantro (m) | koriandrs (v) | [kɔriandrs] |
| ciruela (f) | plūme (s) | [plu:me] |
| clara (f) | baltums (v) | [baltums] |
| clavo (m) | krustnagliņas (s dsk) | [krustnagliɲas] |
| coñac (m) | konjaks (v) | [kɔnjaks] |
| cocido en agua (adj) | vārīts | [va:ri:ts] |
| cocina (f) | virtuve (s) | [virtuve] |
| col (f) | kāposti (v dsk) | [ka:pɔsti] |
| col (f) de Bruselas | Briseles kāposti (v dsk) | [brisɛles ka:pɔsti] |
| coliflor (f) | puķkāposti (v dsk) | [putʲka:pɔsti] |
| colmenilla (f) | lāčpurnis (v) | [la:tʃpurnis] |
| comida (f) | ēdiens (v) | [e:diɛns] |
| comino (m) | ķimenes (s dsk) | [tʲimɛnes] |
| con gas | dzirkstošs | [dzirkstɔʃs] |
| con hielo | ar ledu | [ar lɛdu] |
| condimento (m) | piedeva (s) | [piɛdɛva] |
| conejo (m) | trusis (v) | [trusis] |
| confitura (f) | džems, ievārījums (v) | [dʒems], [iɛva:ri:jums] |
| confitura (f) | ievārījums (v) | [iɛva:ri:jums] |
| congelado (adj) | sasaldēts | [sasalde:ts] |
| conservas (f pl) | konservi (v dsk) | [kɔnservi] |
| copa (f) de vino | pokāls (v) | [pɔka:ls] |
| copos (m pl) de maíz | kukurūzas pārslas (s dsk) | [kukuru:zas pa:rslas] |
| crema (f) de mantequilla | krēms (v) | [kre:ms] |
| crustáceos (m pl) | vēžveidīgie (v dsk) | [ve:ʒvɛidi:giɛ] |
| cuchara (f) | karote (s) | [karɔte] |
| cuchara (f) de sopa | ēdamkarote (s) | [ɛ:damkarɔte] |
| cucharilla (f) | tējkarote (s) | [te:jkarɔte] |
| cuchillo (m) | nazis (v) | [nazis] |
| cuenta (f) | rēķins (v) | [re:tʲins] |
| dátil (m) | datele (s) | [datɛle] |
| de chocolate (adj) | šokolādes | [ʃɔkɔla:des] |
| desayuno (m) | brokastis (s dsk) | [brɔkastis] |
| dieta (f) | diēta (s) | [diɛ:ta] |
| eneldo (m) | dilles (s dsk) | [dilles] |
| ensalada (f) | salāti (v dsk) | [sala:ti] |
| entremés (m) | uzkožamais (v) | [uzkɔʒamais] |
| espárrago (m) | sparģelis (v) | [spardʲelis] |
| espagueti (m) | spageti (v dsk) | [spageti] |
| especia (f) | garšviela (s) | [garʃviɛla] |
| espiga (f) | vārpa (s) | [va:rpa] |
| espinaca (f) | spināti (v dsk) | [spina:ti] |
| esturión (m) | store (s) | [stɔre] |
| fletán (m) | āte (s) | [a:te] |
| fréjol (m) | pupiņas (s dsk) | [pupiɲas] |
| frío (adj) | auksts | [auksts] |
| frambuesa (f) | avene (s) | [avɛne] |
| fresa (f) | zemene (s) | [zɛmɛne] |
| fresa (f) silvestre | meža zemene (s) | [meʒa zɛmɛne] |

| frito (adj) | cepts | [tsepts] |
| fruto (m) | auglis (v) | [auglis] |
| frutos (m pl) | augļi (v dsk) | [auglʲi] |
| gachas (f pl) | biezputra (s) | [biɛzputra] |
| galletas (f pl) | cepumi (v dsk) | [tsɛpumi] |
| gallina (f) | vista (s) | [vista] |
| ganso (m) | zoss (s) | [zɔs] |
| gaseoso (adj) | gāzēts | [ga:ze:ts] |
| ginebra (f) | džins (v) | [dʒins] |
| gofre (m) | vafeles (s dsk) | [vafɛles] |
| granada (f) | granātābols (v) | [grana:ta:bɔls] |
| grano (m) | graudi (v dsk) | [graudi] |
| grasas (f pl) | tauki (v dsk) | [tauki] |
| grosella (f) espinosa | ērkšķoga (s) | [e:rkʃʲɔga] |
| grosella (f) negra | upene (s) | [upɛne] |
| grosella (f) roja | sarkanā jāņoga (s) | [sarkana: ja:ɲɔga] |
| guarnición (f) | piedeva (s) | [piɛdɛva] |
| guinda (f) | skābais ķirsis (v) | [ska:bais tʲirsis] |
| guisante (m) | zirnis (v) | [zirnis] |
| hígado (m) | aknas (s dsk) | [aknas] |
| habas (f pl) | pupas (s dsk) | [pupas] |
| hamburguesa (f) | hamburgers (v) | [xamburgɛrs] |
| harina (f) | milti (v dsk) | [milti] |
| helado (m) | saldējums (v) | [salde:jums] |
| hielo (m) | ledus (v) | [lɛdus] |
| higo (m) | vīģe (s) | [vi:dʲe] |
| hoja (f) de laurel | lauru lapa (s) | [lauru lapa] |
| huevo (m) | ola (s) | [ɔla] |
| huevos (m pl) | olas (s dsk) | [ɔlas] |
| huevos (m pl) fritos | ceptas olas (s dsk) | [tseptas ɔlas] |
| jamón (m) | šķiņķis (v) | [ʃʲiɲtʲis] |
| jamón (m) fresco | šķiņķis (v) | [ʃʲiɲtʲis] |
| jengibre (m) | ingvers (v) | [iŋgvɛrs] |
| jugo (m) de tomate | tomātu sula (s) | [tɔma:tu sula] |
| kiwi (m) | kivi (v) | [kivi] |
| langosta (f) | langusts (v) | [laŋgusts] |
| leche (f) | piens (v) | [piɛns] |
| leche (f) condensada | kondensētais piens (v) | [kɔndensɛ:tais piɛns] |
| lechuga (f) | dārza salāti (v dsk) | [da:rza sala:ti] |
| legumbres (f pl) | dārzeņi (v dsk) | [da:rzeɲi] |
| lengua (f) | mēle (s) | [mɛ:le] |
| lenguado (m) | bute (s) | [bute] |
| lenteja (f) | lēcas (s dsk) | [le:tsas] |
| licor (m) | liķieris (v) | [litʲiɛris] |
| limón (m) | citrons (v) | [tsitrɔns] |
| limonada (f) | limonāde (s) | [limɔna:de] |
| loncha (f) | šķēlīte (s) | [ʃʲe:li:te] |
| lucio (m) | līdaka (s) | [li:daka] |
| lucioperca (f) | zandarts (v) | [zandarts] |
| maíz (m) | kukurūza (s) | [kukuru:za] |
| maíz (m) | kukurūza (s) | [kukuru:za] |
| macarrones (m pl) | makaroni (v dsk) | [makarɔni] |

| | | |
|---|---|---|
| mandarina (f) | mandarīns (v) | [mandari:ns] |
| mango (m) | mango (v) | [maŋgɔ] |
| mantequilla (f) | sviests (v) | [sviɛsts] |
| manzana (f) | ābols (v) | [a:bɔls] |
| margarina (f) | margarīns (v) | [margari:ns] |
| marinado (adj) | marinēts | [marine:ts] |
| mariscos (m pl) | jūras produkti (v dsk) | [ju:ras prɔdukti] |
| matamoscas (m) | mušmire (s) | [muʃmire] |
| mayonesa (f) | majonēze (s) | [majɔnɛ:ze] |
| melón (m) | melone (s) | [melɔne] |
| melocotón (m) | persiks (v) | [pɛrsiks] |
| mermelada (f) | marmelāde (s) | [marmɛla:de] |
| miel (f) | medus (v) | [mɛdus] |
| miga (f) | gabaliņš (v) | [gabaliɲʃ] |
| mijo (m) | prosa (s) | [prɔsa] |
| mini tarta (f) | kūka (s) | [ku:ka] |
| mondadientes (m) | zobu bakstāmais (v) | [zɔbu baksta:mais] |
| mostaza (f) | sinepes (s dsk) | [sinɛpes] |
| nabo (m) | rācenis (v) | [ra:tsenis] |
| naranja (f) | apelsīns (v) | [apɛlsi:ns] |
| nata (f) agria | krējums (v) | [kre:jums] |
| nata (f) líquida | salds krējums (v) | [salds kre:jums] |
| nuez (f) | valrieksts (v) | [valriɛksts] |
| nuez (f) de coco | kokosrieksts (v) | [kɔkɔsriɛksts] |
| olivas, aceitunas (f pl) | olīvas (s dsk) | [ɔli:vas] |
| oronja (f) verde | suņu sēne (s) | [suɲu sɛ:ne] |
| ostra (f) | austere (s) | [austɛre] |
| pan (m) | maize (s) | [maize] |
| papaya (f) | papaija (s) | [papaija] |
| paprika (f) | paprika (s) | [paprika] |
| pasas (f pl) | rozīne (s) | [rɔzi:ne] |
| pasteles (m pl) | konditorejas izstrādājumi (v dsk) | [kɔnditorejas izstra:da:jumi] |
| paté (m) | pastēte (s) | [pastɛ:te] |
| patata (f) | kartupelis (v) | [kartupelis] |
| pato (m) | pīle (s) | [pi:le] |
| pava (f) | tītars (v) | [ti:tars] |
| pedazo (m) | gabals (v) | [gabals] |
| pepino (m) | gurķis (v) | [gurtʲis] |
| pera (f) | bumbieris (v) | [bumbiɛris] |
| perca (f) | asaris (v) | [asaris] |
| perejil (m) | pētersīlis (v) | [pɛ:tɛrsi:lis] |
| pescado (m) | zivs (s) | [zivs] |
| piña (f) | ananāss (v) | [anana:s] |
| piel (f) | miza (s) | [miza] |
| pimienta (f) negra | melnie pipari (v dsk) | [melniɛ pipari] |
| pimienta (f) roja | paprika (s) | [paprika] |
| pimiento (m) dulce | graudu pipars (v) | [graudu pipars] |
| pistachos (m pl) | pistācijas (s dsk) | [pista:tsijas] |
| pizza (f) | pica (s) | [pitsa] |
| platillo (m) | apakštase (s) | [apakʃtase] |
| plato (m) | ēdiens (v) | [e:diɛns] |

| | | |
|---|---|---|
| plato (m) | šķīvis (v) | [ʃtʲiːvis] |
| pomelo (m) | greipfrūts (v) | [grɛipfruːts] |
| porción (f) | porcija (s) | [pɔrtsija] |
| postre (m) | deserts (v) | [dɛserts] |
| propina (f) | dzeramnauda (s) | [dzɛramnauda] |
| proteínas (f pl) | olbaltumvielas (s dsk) | [ɔlbaltumviɛlas] |
| pudin (m) | pudiņš (v) | [pudiɲʃ] |
| puré (m) de patatas | kartupeļu biezenis (v) | [kartupɛlʲu biɛzenis] |
| queso (m) | siers (v) | [siɛrs] |
| rábano (m) | redīss (v) | [rediːs] |
| rábano (m) picante | mārrutki (v dsk) | [maːrrutki] |
| rúsula (f) | bērzlape (s) | [beːrzlape] |
| rebozuelo (m) | gailene (s) | [gailɛne] |
| receta (f) | recepte (s) | [retsepte] |
| refresco (m) | atspirdzinošs dzēriens (v) | [atspirdzinɔʃs dzeːriɛns] |
| regusto (m) | piegarša (s) | [piɛgarʃa] |
| relleno (m) | pildījums (v) | [pildiːjums] |
| remolacha (f) | biete (s) | [biɛte] |
| ron (m) | rums (v) | [rums] |
| sésamo (m) | sezams (v) | [sɛzams] |
| sabor (m) | garša (s) | [garʃa] |
| sabroso (adj) | garšīgs | [garʃiːgs] |
| sacacorchos (m) | korķviļķis (v) | [kortʲvilʲtʲis] |
| sal (f) | sāls (v) | [saːls] |
| salado (adj) | sāļš | [saːlʲʃ] |
| salchichón (m) | desa (s) | [dɛsa] |
| salchicha (f) | cīsiņš (v) | [tsiːsiɲʃ] |
| salmón (m) | lasis (v) | [lasis] |
| salmón (m) del Atlántico | lasis (v) | [lasis] |
| salsa (f) | mērce (s) | [meːrtse] |
| sandía (f) | arbūzs (v) | [arbuːzs] |
| sardina (f) | sardīne (s) | [sardiːne] |
| seco (adj) | žāvēts | [ʒaːveːts] |
| seta (f) | sēne (s) | [sɛːne] |
| seta (f) comestible | ēdama sēne (s) | [ɛːdama sɛːne] |
| seta (f) venenosa | indīga sēne (s) | [indiːga sɛːne] |
| seta calabaza (f) | baravika (s) | [baravika] |
| siluro (m) | sams (v) | [sams] |
| sin alcohol | bezalkoholisks | [bɛzalkɔxɔlisks] |
| sin gas | negāzēts | [nɛgaːzeːts] |
| sopa (f) | zupa (s) | [zupa] |
| soya (f) | soja (s) | [sɔja] |
| té (m) | tēja (s) | [teːja] |
| té (m) negro | melnā tēja (s) | [melna: teːja] |
| té (m) verde | zaļā tēja (s) | [zalʲa: teːja] |
| tallarines (m pl) | nūdeles (s dsk) | [nuːdɛles] |
| tarta (f) | torte (s) | [tɔrte] |
| tarta (f) | pīrāgs (v) | [piːraːgs] |
| taza (f) | tase (s) | [tase] |
| tenedor (m) | dakša (s) | [dakʃa] |
| tiburón (m) | haizivs (s) | [xaizivs] |

| | | |
|---|---|---|
| tomate (m) | **tomāts** (v) | [tɔmaːts] |
| tortilla (f) francesa | **omlete** (s) | [ɔmlɛte] |
| trigo (m) | **kvieši** (v dsk) | [kviɛʃi] |
| trucha (f) | **forele** (s) | [fɔrɛle] |
| uva (f) | **vīnoga** (s) | [viːnɔga] |
| vaso (m) | **glāze** (s) | [glaːze] |
| vegetariano (adj) | **veģetāriešu** | [vɛdʲɛtaːriɛʃu] |
| vegetariano (m) | **veģetārietis** (v) | [vɛdʲɛtaːriɛtis] |
| verduras (f pl) | **zaļumi** (v dsk) | [zalʲumi] |
| vermú (m) | **vermuts** (v) | [vermuts] |
| vinagre (m) | **etiķis** (v) | [ɛtitʲis] |
| vino (m) | **vīns** (v) | [viːns] |
| vino (m) blanco | **baltvīns** (v) | [baltviːns] |
| vino (m) tinto | **sarkanvīns** (v) | [sarkanviːns] |
| vitamina (f) | **vitamīns** (v) | [vitamiːns] |
| vodka (m) | **degvīns** (v) | [degviːns] |
| whisky (m) | **viskijs** (v) | [viskijs] |
| yema (f) | **dzeltenums** (v) | [dzeltenums] |
| yogur (m) | **jogurts** (v) | [jɔgurts] |
| zanahoria (f) | **burkāns** (v) | [burkaːns] |
| zarzamoras (f pl) | **kazene** (s) | [kazɛne] |
| zumo (m) de naranja | **apelsīnu sula** (s) | [apɛlsiːnu sula] |
| zumo (m) fresco | **svaigi spiesta sula** (s) | [svaigi spiɛsta sula] |
| zumo (m), jugo (m) | **sula** (s) | [sula] |

# Letón-Español glosario gastronómico

| | | |
|---|---|---|
| **ābols** (v) | [a:bɔls] | manzana (f) |
| **āte** (s) | [a:te] | fletán (m) |
| **ēdama sēne** (s) | [ɛ:dama sɛ:ne] | seta (f) comestible |
| **ēdamkarote** (s) | [ɛ:damkarɔte] | cuchara (f) de sopa |
| **ēdienkarte** (s) | [e:diɛnkarte] | carta (f), menú (m) |
| **ēdiens** (v) | [e:diɛns] | plato (m) |
| **ēdiens** (v) | [e:diɛns] | comida (f) |
| **ērkšķoga** (s) | [e:rkʃtʲɔga] | grosella (f) espinosa |
| **ķimenes** (s dsk) | [tʲimɛnes] | comino (m) |
| **ķiploks** (v) | [tʲiplɔks] | ajo (m) |
| **ķirbis** (v) | [tʲirbis] | calabaza (f) |
| **šķēlīte** (s) | [ʃtʲe:li:te] | loncha (f) |
| **šķīstošā kafija** (s) | [ʃtʲi:stɔʃa: kafija] | café (m) soluble |
| **šķīvis** (v) | [ʃtʲi:vis] | plato (m) |
| **šķiņķis** (v) | [ʃtʲiɲtʲis] | jamón (m) |
| **šķiņķis** (v) | [ʃtʲiɲtʲis] | jamón (m) fresco |
| **šampanietis** (v) | [ʃampaniɛtis] | champaña (f) |
| **šokolāde** (s) | [ʃɔkɔla:de] | chocolate (m) |
| **šokolādes** | [ʃɔkɔla:des] | de chocolate (adj) |
| **ūdens** (v) | [u:dens] | agua (f) |
| **žāvēts** | [ʒa:ve:ts] | seco (adj) |
| **aknas** (s dsk) | [aknas] | hígado (m) |
| **alkoholiskie dzērieni** (v dsk) | [alkɔxɔliskiɛ dze:riɛni] | bebidas (f pl) alcohólicas |
| **alus** (v) | [alus] | cerveza (f) |
| **anīss** (v) | [ani:s] | anís (m) |
| **ananāss** (v) | [anana:s] | piña (f) |
| **apšu beka** (s) | [apʃu bɛka] | boleto (m) castaño |
| **apakštase** (s) | [apakʃtase] | platillo (m) |
| **apelsīns** (v) | [apɛlsi:ns] | naranja (f) |
| **apelsīnu sula** (s) | [apɛlsi:nu sula] | zumo (m) de naranja |
| **aperitīvs** (v) | [aperiti:vs] | aperitivo (m) |
| **apetīte** (s) | [apeti:te] | apetito (m) |
| **aprikoze** (s) | [aprikɔze] | albaricoque (m) |
| **ar ledu** | [ar lɛdu] | con hielo |
| **arbūzs** (v) | [arbu:zs] | sandía (f) |
| **artišoks** (v) | [artiʃɔks] | alcachofa (f) |
| **asaris** (v) | [asaris] | perca (f) |
| **atspirdzinošs dzēriens** (v) | [atspirdzinɔʃs dze:riɛns] | refresco (m) |
| **atvere** (s) | [atvɛre] | abrebotellas (m) |
| **atvere** (s) | [atvɛre] | abrelatas (m) |
| **augļi** (v dsk) | [aglʲi] | frutos (m pl) |
| **auglis** (v) | [auglis] | fruto (m) |

| | | |
|---|---|---|
| augu eḷḷa (s) | [augu elʲʲa] | aceite (m) vegetal |
| auksts | [auksts] | frío (adj) |
| austere (s) | [austɛre] | ostra (f) |
| auzas (s dsk) | [auzas] | avena (f) |
| avene (s) | [avɛne] | frambuesa (f) |
| avokado (v) | [avɔkadɔ] | aguacate (m) |
| bārmenis (v) | [ba:rmenis] | barman (m) |
| bārs (v) | [ba:rs] | bar (m) |
| bērzlape (s) | [be:rzlape] | rúsula (f) |
| bērzu beka (s) | [be:rzu bɛka] | boleto (m) áspero |
| baklažāns (v) | [baklaʒa:ns] | berenjena (f) |
| baltums (v) | [baltums] | clara (f) |
| baltvīns (v) | [baltvi:ns] | vino (m) blanco |
| banāns (v) | [bana:ns] | banana (f) |
| baravika (s) | [baravika] | seta calabaza (f) |
| baziliks (v) | [baziliks] | albahaca (f) |
| bekons (v) | [bekɔns] | beicon (m) |
| bezalkoholiskais dzēriens (v) | [bɛzalkɔxɔliskais dze:riɛns] | bebida (f) sin alcohol |
| bezalkoholisks | [bɛzalkɔxɔlisks] | sin alcohol |
| biete (s) | [biɛte] | remolacha (f) |
| biezputra (s) | [biɛzputra] | gachas (f pl) |
| bifšteks (v) | [bifʃteks] | bistec (m) |
| brūklene (s) | [bru:klɛne] | arándano (m) rojo |
| Briseles kāposti (v dsk) | [brisɛles ka:pɔsti] | col (f) de Bruselas |
| brokastis (s dsk) | [brɔkastis] | desayuno (m) |
| brokolis (v) | [brɔkɔlis] | brócoli (m) |
| buljons (v) | [buljɔns] | caldo (m) |
| bumbieris (v) | [bumbiɛris] | pera (f) |
| burkāns (v) | [burka:ns] | zanahoria (f) |
| bute (s) | [bute] | lenguado (m) |
| cīsiņš (v) | [tsi:siɲʃ] | salchicha (f) |
| cūkgaḷa (s) | [tsu:kgalʲa] | carne (f) de cerdo |
| ceptas olas (s dsk) | [tseptas ɔlas] | huevos (m pl) fritos |
| cepts | [tsepts] | frito (adj) |
| cepumi (v dsk) | [tsɛpumi] | galletas (f pl) |
| citrons (v) | [tsitrɔns] | limón (m) |
| cukurs (v) | [tsukurs] | azúcar (m) |
| dārza salāti (v dsk) | [da:rza sala:ti] | lechuga (f) |
| dārzeņi (v dsk) | [da:rzeɲi] | legumbres (f pl) |
| džems, ievārījums (v) | [dʒems], [iɛva:ri:jums] | confitura (f) |
| džins (v) | [dʒins] | ginebra (f) |
| dakša (s) | [dakʃa] | tenedor (m) |
| datele (s) | [datɛle] | dátil (m) |
| degvīns (v) | [degvi:ns] | vodka (m) |
| desa (s) | [dɛsa] | salchichón (m) |
| deserts (v) | [dɛserts] | postre (m) |
| diēta (s) | [diɛ:ta] | dieta (f) |
| dilles (s dsk) | [dilles] | eneldo (m) |
| dzērvene (s) | [dze:rvɛne] | arándano (m) agrio |
| dzeltenums (v) | [dzeltenums] | yema (f) |
| dzeramais ūdens (v) | [dzɛramais u:dens] | agua (f) potable |

| | | |
|---|---|---|
| dzeramnauda (s) | [dzɛramnauda] | propina (f) |
| dzirkstošs | [dzirkstɔʃs] | con gas |
| etiķis (v) | [ɛtitʲis] | vinagre (m) |
| forele (s) | [fɔrɛle] | trucha (f) |
| gāzēts | [ga:ze:ts] | gaseoso (adj) |
| gaļa (s) | [galʲa] | carne (f) |
| gabaliņš (v) | [gabaliɲʃ] | miga (f) |
| gabals (v) | [gabals] | pedazo (m) |
| gaišais alus (v) | [gaiʃais alus] | cerveza (f) rubia |
| gailene (s) | [gailɛne] | rebozuelo (m) |
| garšīgs | [garʃi:gs] | sabroso (adj) |
| garša (s) | [garʃa] | sabor (m) |
| garšviela (s) | [garʃviɛla] | especia (f) |
| garnele (s) | [garnɛle] | camarón (m) |
| glāze (s) | [gla:ze] | vaso (m) |
| granātābols (v) | [grana:ta:bɔls] | granada (f) |
| graudaugi (v dsk) | [graudaugi] | cereales (m pl) |
| graudi (v dsk) | [graudi] | grano (m) |
| graudu pipars (v) | [graudu pipars] | pimiento (m) dulce |
| greipfrūts (v) | [grɛipfru:ts] | pomelo (m) |
| griķi (v dsk) | [gritʲi] | alforfón (m) |
| gurķis (v) | [gurtʲis] | pepino (m) |
| haizivs (s) | [xaizivs] | tiburón (m) |
| hamburgers (v) | [xamburgɛrs] | hamburguesa (f) |
| ievārījums (v) | [iɛva:ri:jums] | confitura (f) |
| ikri (v dsk) | [ikri] | caviar (m) |
| indīga sēne (s) | [indi:ga sɛ:ne] | seta (f) venenosa |
| ingvers (v) | [iŋgvɛrs] | jengibre (m) |
| jēra gaļa (s) | [je:ra galʲa] | carne (f) de carnero |
| jūras produkti (v dsk) | [ju:ras prɔdukti] | mariscos (m pl) |
| jogurts (v) | [jɔgurts] | yogur (m) |
| kāposti (v dsk) | [ka:pɔsti] | col (f) |
| kūka (s) | [ku:ka] | mini tarta (f) |
| kūpināts | [ku:pina:ts] | ahumado (adj) |
| kabacis (v) | [kabatsis] | calabacín (m) |
| kafija (s) | [kafija] | café (m) |
| kafija (s) ar pienu | [kafija ar piɛnu] | café (m) con leche |
| kalmārs (v) | [kalma:rs] | calamar (m) |
| kalorija (s) | [kalɔrija] | caloría (f) |
| kanēlis (v) | [kane:lis] | canela (f) |
| kapučīno (v) | [kaputʃi:nɔ] | capuchino (m) |
| karote (s) | [karɔte] | cuchara (f) |
| karpa (s) | [karpa] | carpa (f) |
| karsts | [karsts] | caliente (adj) |
| kartupeļu biezenis (v) | [kartupɛlʲu biɛzenis] | puré (m) de patatas |
| kartupelis (v) | [kartupelis] | patata (f) |
| kazene (s) | [kazɛne] | zarzamoras (f pl) |
| kivi (v) | [kivi] | kiwi (m) |
| košļājamā gumija (s) | [kɔʃlʲa:jama: gumija] | chicle (m) |
| kokosrieksts (v) | [kɔkɔsriɛksts] | nuez (f) de coco |
| kokteilis (v) | [kɔktɛilis] | cóctel (m) |
| kondensētais piens (v) | [kɔndensɛ:tais piɛns] | leche (f) condensada |

| | | |
|---|---|---|
| konditorejas izstrādājumi (v dsk) | [konditorejas izstra:da:jumi] | pasteles (m pl) |
| konfekte (s) | [konfekte] | caramelo (m) |
| konjaks (v) | [konjaks] | coñac (m) |
| konservi (v dsk) | [konservi] | conservas (f pl) |
| korķviļķis (v) | [kortʲvilʲtʲis] | sacacorchos (m) |
| koriandrs (v) | [koriandrs] | cilantro (m) |
| krējums (v) | [kre:jums] | nata (f) agria |
| krēms (v) | [kre:ms] | crema (f) de mantequilla |
| krabis (v) | [krabis] | cangrejo (m) de mar |
| krustnagliņas (s dsk) | [krustnagliņas] | clavo (m) |
| kukurūza (s) | [kukuru:za] | maíz (m) |
| kukurūza (s) | [kukuru:za] | maíz (m) |
| kukurūzas pārslas (s dsk) | [kukuru:zas pa:rslas] | copos (m pl) de maíz |
| kvieši (v dsk) | [kviɛʃi] | trigo (m) |
| lāčpurnis (v) | [la:tʃpurnis] | colmenilla (f) |
| lēcas (s dsk) | [le:tsas] | lenteja (f) |
| līdaka (s) | [li:daka] | lucio (m) |
| Labu apetīti! | [labu apeti:ti!] | ¡Que aproveche! |
| langusts (v) | [laŋgusts] | langosta (f) |
| lasis (v) | [lasis] | salmón (m) |
| lasis (v) | [lasis] | salmón (m) del Atlántico |
| lauru lapa (s) | [lauru lapa] | hoja (f) de laurel |
| lazdu rieksts (v) | [lazdu riɛksts] | avellana (f) |
| ledus (v) | [lɛdus] | hielo (m) |
| liķieris (v) | [litʲiɛris] | licor (m) |
| liellopu gaļa (s) | [liɛllopu galʲa] | carne (f) de vaca |
| limonāde (s) | [limona:de] | limonada (f) |
| mārrutki (v dsk) | [ma:rrutki] | rábano (m) picante |
| mēle (s) | [mɛ:le] | lengua (f) |
| mērce (s) | [me:rtse] | salsa (f) |
| maize (s) | [maize] | pan (m) |
| majonēze (s) | [majonɛ:ze] | mayonesa (f) |
| makaroni (v dsk) | [makaroni] | macarrones (m pl) |
| malta gaļa (s) | [malta galʲa] | carne (f) picada |
| mandarīns (v) | [mandari:ns] | mandarina (f) |
| mandeles (s dsk) | [mandɛles] | almendra (f) |
| mango (v) | [maŋgo] | mango (m) |
| margarīns (v) | [margari:ns] | margarina (f) |
| marinēts | [marine:ts] | marinado (adj) |
| marmelāde (s) | [marmɛla:de] | mermelada (f) |
| meža zemene (s) | [meʒa zɛmɛne] | fresa (f) silvestre |
| medījums (v) | [medi:jums] | caza (f) menor |
| medus (v) | [mɛdus] | miel (m) |
| mellene (s) | [mellɛne] | arándano (m) |
| melnā kafija (s) | [melna: kafija] | café (m) solo |
| melnā tēja (s) | [melna: te:ja] | té (m) negro |
| melnie pipari (v dsk) | [melniɛ pipari] | pimienta (f) negra |
| melone (s) | [melone] | melón (m) |
| menca (s) | [mentsa] | bacalao (m) |
| mieži (v dsk) | [miɛʒi] | cebada (f) |
| milti (v dsk) | [milti] | harina (f) |

| | | |
|---|---|---|
| minerālūdens (v) | [minɛra:lu:dens] | agua (f) mineral |
| miza (s) | [miza] | piel (f) |
| mušmire (s) | [muʃmire] | matamoscas (m) |
| nūdeles (s dsk) | [nu:dɛles] | tallarines (m pl) |
| nazis (v) | [nazis] | cuchillo (m) |
| negāzēts | [nɛga:ze:ts] | sin gas |
| oficiante (s) | [ɔfitsiante] | camarera (f) |
| oficiants (v) | [ɔfitsiants] | camarero (m) |
| ogļhidrāti (v dsk) | [ɔglʲxidra:ti] | carbohidratos (m pl) |
| oga (s) | [ɔga] | baya (f) |
| ogas (s dsk) | [ɔgas] | bayas (f pl) |
| olīvas (s dsk) | [ɔli:vas] | olivas, aceitunas (f pl) |
| olīveļļa (s) | [ɔli:vellʲa] | aceite (m) de oliva |
| ola (s) | [ɔla] | huevo (m) |
| olas (s dsk) | [ɔlas] | huevos (m pl) |
| olbaltumvielas (s dsk) | [ɔlbaltumviɛlas] | proteínas (f pl) |
| omlete (s) | [ɔmlɛte] | tortilla (f) francesa |
| pētersīlis (v) | [pɛ:tɛrsi:lis] | perejil (m) |
| pīle (s) | [pi:le] | pato (m) |
| pīrāgs (v) | [pi:ra:gs] | tarta (f) |
| papaija (s) | [papaija] | papaya (f) |
| paprika (s) | [paprika] | pimienta (f) roja |
| paprika (s) | [paprika] | paprika (f) |
| pastēte (s) | [pastɛ:te] | paté (m) |
| persiks (v) | [pɛrsiks] | melocotón (m) |
| pica (s) | [pitsa] | pizza (f) |
| piedeva (s) | [piɛdɛva] | guarnición (f) |
| piedeva (s) | [piɛdɛva] | condimento (m) |
| piegarša (s) | [piɛgarʃa] | regusto (m) |
| piena kokteilis (v) | [piɛna kɔktɛilis] | batido (m) |
| piens (v) | [piɛns] | leche (f) |
| pildījums (v) | [pildi:jums] | relleno (m) |
| pistācijas (s dsk) | [pista:tsijas] | pistachos (m pl) |
| plūme (s) | [plu:me] | ciruela (f) |
| plaudis (v) | [plaudis] | brema (f) |
| pokāls (v) | [pɔka:ls] | copa (f) de vino |
| porcija (s) | [pɔrtsija] | porción (f) |
| prosa (s) | [prɔsa] | mijo (m) |
| puķkāposti (v dsk) | [putʲka:pɔsti] | coliflor (f) |
| pudiņš (v) | [pudiɲʃ] | pudin (m) |
| pupas (s dsk) | [pupas] | habas (f pl) |
| pupiņas (s dsk) | [pupiɲas] | fréjol (m) |
| pusdienas (s dsk) | [pusdiɛnas] | almuerzo (m) |
| putraimi (v dsk) | [putraimi] | cereales (m pl) integrales |
| rācenis (v) | [ra:tsenis] | nabo (m) |
| rēķins (v) | [re:tʲins] | cuenta (f) |
| rīsi (v dsk) | [ri:si] | arroz (m) |
| rūgts | [ru:gts] | amargo (adj) |
| recepte (s) | [retsepte] | receta (f) |
| redīss (v) | [redi:s] | rábano (m) |
| rozīne (s) | [rɔzi:ne] | pasas (f pl) |
| rudzi (v dsk) | [rudzi] | centeno (m) |

| | | |
|---|---|---|
| rums (v) | [rums] | ron (m) |
| sāļš | [saːlʲʃ] | salado (adj) |
| sāls (v) | [saːls] | sal (f) |
| sēne (s) | [sɛːne] | seta (f) |
| sīpols (v) | [siːpols] | cebolla (f) |
| safrāns (v) | [safraːns] | azafrán (m) |
| salāti (v dsk) | [salaːti] | ensalada (f) |
| saldējums (v) | [saldeːjums] | helado (m) |
| saldais ķirsis (v) | [saldais tʲirsis] | cereza (f) |
| salds | [salds] | azucarado, dulce (adj) |
| salds krējums (v) | [salds kreːjums] | nata (f) líquida |
| sams (v) | [sams] | siluro (m) |
| sardīne (s) | [sardiːne] | sardina (f) |
| sarkanā jāņoga (s) | [sarkanaː jaːɲoga] | grosella (f) roja |
| sarkanvīns (v) | [sarkanviːns] | vino (m) tinto |
| sasaldēts | [sasaldeːts] | congelado (adj) |
| saulespuķu eļļa (s) | [saulesputʲu elʲʲa] | aceite (m) de girasol |
| selerija (s) | [sɛlerija] | apio (m) |
| sezams (v) | [sɛzams] | sésamo (m) |
| siļķe (s) | [silʲtʲe] | arenque (m) |
| siers (v) | [siɛrs] | queso (m) |
| sinepes (s dsk) | [sinɛpes] | mostaza (f) |
| skābais ķirsis (v) | [skaːbais tʲirsis] | guinda (f) |
| skumbrija (s) | [skumbrija] | caballa (f) |
| soja (s) | [sɔja] | soya (f) |
| spageti (v dsk) | [spageti] | espagueti (m) |
| sparģelis (v) | [spardʲelis] | espárrago (m) |
| spināti (v dsk) | [spinaːti] | espinaca (f) |
| store (s) | [stɔre] | esturión (m) |
| suņu sēne (s) | [suɲu sɛːne] | oronja (f) verde |
| sula (s) | [sula] | zumo (m), jugo (m) |
| svaigi spiesta sula (s) | [svaigi spiɛsta sula] | zumo (m) fresco |
| sviestmaize (s) | [sviɛstmaize] | bocadillo (m) |
| sviests (v) | [sviɛsts] | mantequilla (f) |
| tēja (s) | [teːja] | té (m) |
| tējkarote (s) | [teːjkarɔte] | cucharilla (f) |
| tītars (v) | [tiːtars] | pava (f) |
| tase (s) | [tase] | taza (f) |
| tauki (v dsk) | [tauki] | grasas (f pl) |
| teļa gaļa (s) | [tɛlʲa galʲa] | carne (f) de ternera |
| tomāts (v) | [tɔmaːts] | tomate (m) |
| tomātu sula (s) | [tɔmaːtu sula] | jugo (m) de tomate |
| torte (s) | [tɔrte] | tarta (f) |
| trusis (v) | [trusis] | conejo (m) |
| tumšais alus (v) | [tumʃais alus] | cerveza (f) negra |
| tuncis (v) | [tuntsis] | atún (m) |
| upene (s) | [upɛne] | grosella (f) negra |
| uzkožamais (v) | [uzkɔʒamais] | entremés (m) |
| vārīts | [vaːriːts] | cocido en agua (adj) |
| vārpa (s) | [vaːrpa] | espiga (f) |
| vēžveidīgie (v dsk) | [veːʒvɛidiːgiɛ] | crustáceos (m pl) |
| vīģe (s) | [viːdʲe] | higo (m) |

| vīnoga (s) | [viːnɔga] | uva (f) |
| vīns (v) | [viːns] | vino (m) |
| vīnu karte (s) | [viːnu karte] | carta (f) de vinos |
| vafeles (s dsk) | [vafɛles] | gofre (m) |
| vakariņas (s dsk) | [vakariņas] | cena (f) |
| valrieksts (v) | [valriɛksts] | nuez (f) |
| veģetāriešu | [vɛdʲɛtaːriɛʃu] | vegetariano (adj) |
| veģetārietis (v) | [vɛdʲɛtaːriɛtis] | vegetariano (m) |
| vermuts (v) | [vermuts] | vermú (m) |
| virtuve (s) | [virtuve] | cocina (f) |
| viskijs (v) | [viskijs] | whisky (m) |
| vista (s) | [vista] | gallina (f) |
| vitamīns (v) | [vitamiːns] | vitamina (f) |
| zaļā tēja (s) | [zalʲaː teːja] | té (m) verde |
| zaļumi (v dsk) | [zalʲumi] | verduras (f pl) |
| zandarts (v) | [zandarts] | lucioperca (f) |
| zemene (s) | [zɛmɛne] | fresa (f) |
| zemesrieksts (v) | [zɛmesriɛksts] | cacahuete (m) |
| zirnis (v) | [zirnis] | guisante (m) |
| zivs (s) | [zivs] | pescado (m) |
| zobu bakstāmais (v) | [zɔbu bakstaːmais] | mondadientes (m) |
| zoss (s) | [zɔs] | ganso (m) |
| zupa (s) | [zupa] | sopa (f) |
| zutis (v) | [zutis] | anguila (f) |